Hegel & Hegel

Otto A. Böhmer

Hegel & Hegel

ODER DER GEIST DES WEINES

Erzählung

KLÖPFER&MEYER

Für Christel und Mareike

Du lässest Gras wachsen für das Vieh und Saat zu Nutz des Menschen, daß du Brot aus der Erde bringst, / und daß der Wein erfreue des Menschen Herz.

Psalm 104, 14 f.

Man bringe nur einmal alles, was, in einer Stadt, an Philosophen, Schöngeistern und Künstlern vorhanden ist, in einem Saal zusammen: so werden einige, aus ihrer Mitte, auf der Stelle dumm werden.

Heinrich von Kleist

I

Georg Wilhelm Friedrich Hegel (1770 bis 1831) war ein Spätentwickler. Als ältestes von drei Kindern einer schwäbischen Beamtenfamilie behielt er den Status, der Älteste zu sein, lange bei: Während des Studiums der Theologie am Tübinger Stift, wo er sich mit Schelling und Hölderlin anfreundete, verpaßte man ihm den Spitznamen ›der Alte‹, und auch später als Professor der Philosophie waren die meisten seiner Kollegen deutlich jünger als er. Hegel glich dieses Manko durch zähe Beharrlichkeit aus; seine Stärke war, daß man ihn gerne unterschätzte. Nach dem Studium verdingte er sich als Hauslehrer in Bern und Frankfurt a.M., avancierte dann, auf Empfehlung des (fünf Jahre jüngeren) Schelling, zum Professor in Jena und sah sich anschließend, aufgrund der politischen Umstände, zu einem Orts- und Berufswechsel gezwungen: Er wurde erst Chefredakteur der Bamberger Zeitung, *danach Rektor am Aegydiengymnasium in Nürnberg. In der Folge begann Hegels eigenartiger Weg in den Ruhm: Man berief ihn (1816) zum Professor der Philosophie in Heidelberg, wo er zwei Jahre lang lehrte; den Rest der ihm vergönnten Zeit verbrachte er in Berlin – als Deutschlands bekanntester Philosoph, dessen Veranstaltungen alsbald Kultcharakter beka-*

men, obwohl er wahrlich kein großer Redner war (»H. sprach nicht glatt, nicht fließend, fast bei jedem Ausdruck krächzte er, räusperte sich, hustete, verbesserte sich ständig.«). Hegel starb an den Nachwirkungen einer Cholera-Epidemie, die Berlin heimgesucht hatte; im Tod war er nun nicht mehr der älteste, wohl aber einer der berühmtesten Männer Preußens, die dahingerafft wurden.

Hegel brachte der Philosophie einen Ordnungssinn bei, der ihr zuvor bei Kant schon nahegelegt worden war; dieser Ordnungssinn wurde nun systematisiert und zum großen Ganzen aufgerundet. Eine solche Unternehmung konnte wohl nur von einem sehr deutschen Philosophen, einem wagemutigen Beamten der Philosophie in Angriff genommen werden, wobei Hegels Denkansatz, nämlich »die Gedanken Gottes vor der Schöpfung« zu denken, bereits eine vom Tiefsinn ummantelte Ungeheuerlichkeit darstellt: In seinem System sollten diese Gedanken zu höchster Vernünftigkeit und zum Abschluß eines Selbsterkennungsprozesses gelangen, dessen eigentliche Antriebskraft der ›Geist‹ ist. Geist findet vorwiegend im Bewußtsein statt; er bildet die unendliche Vielfalt der Welt der Gedanken im Kopf, deren andere Seite, die Realität, das Objekthafte, von Hegel keineswegs geleugnet wird. Die Wirklichkeit jedoch bedarf immer eines Wissens, um zu sich selbst zu kommen; erst als gewußte Wirklichkeit ist sie ›vernünftige‹ Wirklichkeit.

Hegel, ein versierter Dialektiker, hantiert meisterhaft mit Gegensätzen, die er methodisch in den Prozeß eines Denkens *integriert, das alles formt und bestimmt. Subjektiver und objektiver Geist, individuelles und überindividuelles Bewußtsein gehen ineinander über, so daß der einzelne immer nur ein Rädchen bleibt im Gang der abschnurrenden Weltgeschichte, die als geistiges Monumentalgeschehen vom Anbeginn aller Tage bis zum Schöpfungsende reicht. Das Individuum ist kaum mehr als ein Bewußtseinsträger, dessen Wert sich an seinesgleichen, d.h. an unendlich vielen anderen kleinen Bewußtseinsträgern bemißt; seine persönliche Befindlichkeit, sein Glück und sein Behagen interessieren nicht, weshalb Hegel auch schreiben kann: »Die Weltgeschichte ist nicht der Boden des Glücks. Die Perioden des Glücks sind leere Blätter in ihr ...«*

Hegel ist in seiner ganzen überschäumenden Biederkeit, in der gleichwohl auch immer das Unerhörte mitschwingt, eine der seltsamsten und zugleich interessantesten Figuren der Philosophiegeschichte. Kein anderer Philosoph hat es gewagt, die Welt derart rigoros in Gedanken zu pressen, und bei keinem anderen Philosophen liegt das Großartige, das Gewaltige so nah am Gemütlichen wie bei Hegel. Zwei Seelen, könnte man sagen, wohnten in seiner Brust, woraus sich, bedenkt man in diesem Zusammenhang Hegels regelmäßigen Weinkonsum, eine gewagte These ableiten ließe: Es gab Hegel & Hegel, den Abenteurer des Geistes und den Bürger, der sich im Ruhm einhauste und dafür Sorge trug, daß sein Weinkeller nicht leer wurde. Im übrigen konnte Hegel, dessen Schriften nicht gerade spannend sind, bei guter Tagesform auch die knappe, pointierte Form bedienen; dann gelangen ihm Einsichten wie

»Erkennen wollen, ehe man erkenne, ist ebenso ungereimt wie schwimmen zu lernen, ehe man sich ins Wasser wage« oder die feine Rede vom *»Zerfließen der wirklichkeitslosen schönen Seele ... in sehnsüchtiger Schwindsucht«.*

2

Später, als er glaubte, sich derart eindrücklich gefunden zu haben, daß er sich gern wieder verloren hätte, machte er sich manchmal einen Erinnerungsspaß; dann saß er im abgedunkelten Raum, nur Gewisper und Knarren um sich herum, die Frau, treue Seele, war längst zu Bett und schnarchte im ehelichen Gemach, ein anfangs, zu Beginn ihrer gesegneten Verbindung, noch verführerisch anmutendes Geräusch, das ihn mit den Jahren allerdings zunehmend belästigte, ohne seiner Liebe Abbruch zu tun, und er lauschte auf das, was in ihm war, ein Zuspruch, geflüstert von der Stimme, die für sein Ich sprach, das sich am liebsten einmischte, wenn es etwas zu trinken gab. Dann verbreitete es Behagen, zelebrierte ein privates Glück, das wie Personenschutz war ohne Personen. Vor ihm auf dem Tisch zwei Flaschen Rotwein, staubfahnenbedeckt, aber schon leer getrunken, sein Herz schlug matt und angenehm. Mit geschlossenen Augen versetzte er sich zurück in die Zeit, als alles begann; es war die eigens an ihm erdachte und vorgeführte Geschichte des Herrn Professor Hegel. Aus dunklem Geläuf wurde ein Tunnel, ein Einwanderungstrakt, den er zunächst gemessenen Schrittes und gestaltlos durchquerte, dann jedoch in Beschleunigung nahm; da verpaßte man ihm Gestalt, kleine, knubbelige Gestalt, ein Speckbündel, das sich, je mehr es an Geschwindigkeit zuzulegen hatte, mit Röte überzog und einen Druck spürte, der es zu verformen, auseinanderzureißen schien. Schließlich aber war ein Licht am Ende des Tunnels zu sehen, feine Helle, der Druck auf ihn entlud sich in einem Schlag und Schrei, und er fiel auf die Welt. Vor seiner armen Mutter, die es bei seiner Geburt fast zerhoben hätte, fiel er zu Boden, man fing ihn ab und prügelte gleich auf ihn ein. Schläge auf sein verknautschtes Gesicht, sein verbrühtes Gesäß, eine dicke Weibsperson sprach auf ihn herab, es klang wie eine Drohung. Später begriff er, daß alles freundlich gemeint war. Man wollte verläßlicher Freude Ausdruck verleihen, ein Kind kam zur Welt, rührte das Herz an und sein Schicksal; die Kinder starben früh, damals, manche Mütter gingen mit ihnen. Die Gesichter, an die er sich in seiner wiederholten Dämmerstunde erinnerte, waren schemenhaft, ebenso der Raum, der für den Geburtsvorgang herhalten mußte, das elterliche Schlafzimmer, und die dicke Person, die er wie eine zu lang abgelagerte Bettwurst im Kopf hatte, konnte nur die Hebamme gewesen sein, Namen spielen keine Rolle. Die Schläge hörten auf, er wurde gewaschen und gewickelt, was nicht viel sanfter vor sich ging; man legte ihn an eine breite Brust, an der er nur zu ziehen brauchte, um bis zum

Überlauf Milch zu bekommen. Heute mochte er keine Milch mehr, damals war er auf sie angewiesen. Dieses allerfrüheste Erinnerungsbild hatte keine Konturen, die Bestand gehabt hätten; allerdings bot es ein Konzentrat, eine Mitgift fürs Leben. Eine Art Geruchsprobe war's, ein Stich in die Nase, angenehm, er roch den Geist des Weines, der von draußen kam, dort wo der Vater wartete und unentwegt auf sein Wohl trank. Unter der Türritze kroch er durch, der Geist des Weines, durchs Schlüsselloch, nichts konnte ihn aufhalten, der Geist des Weines war unwiderstehlich, er brauchte den Wein nicht, um Geist zu sein. In einer Geruchsprobe endete sein Erinnern, wenn er es zurücktrieb, in seine Anfänge hinein, die ein Leben einleiteten, das noch nicht zu Ende war, wohl aber zur Neige ging; man mußte es, den herrschenden Meinungen nach, für einzigartig, für unverwechselbar halten, obwohl es, letztlich, nur dazu diente, ein Exempel zu statuieren, eine bedachtsame Strafrunde am Ich, das eine Fiktion ist, ein notwendiger Wahn, ein lichtscheuer Hausmeister mit leibhaftiger Geschichte. Was er aus sich herausholte, sein Denken, war ihm selbst zu verdanken, aber es geriet in die Arbeitsgänge des Wissens, wurde befördert, vom einfachen zum mittleren, vom höheren zum ganz hohen Dienst, es verlor sich, sein Denken, gewann sich wieder; erst verfremdet, dann kenntlich gemacht, nahm es konkrete Gestalt an im Allgemeinen, gefiel sich, letztlich, in zweckfreier Anschauung. Mit seiner Geruchsprobe kam er elegant von der Frühzeit zur Gegenwart zurück, denn es hatte sich ja, eigentlich, gar nichts verändert; wenn er sich über sein Weinglas beugte, stieg ihm der gleiche Duft in die Nase wie damals, der Vater stieg mit hoch, verschwommenes Antlitz mit Blaustich, unwirsch verdunstet, grüßte, prostete ihm zu, verschwand in friedlicher Absicht. Der Geist, ließ sich daraus folgern, ist nicht an Zeit und Raum gebunden; er begründet ein Geisterreich, in dem die Toten tot sind, aber in Reichweite bleiben und ihren Teil haben am Großen und Ganzen. Über seinen ältesten Sohn, dem er gleich drei deutsche Namen gab, Georg Wilhelm Friedrich, hatte sich Vater Hegel mächtig gefreut; bei den beiden anderen Kindern, die noch folgten, Bruder Georg Ludwig und Schwester Christiane, betrank er sich nicht mehr, der Reiz des Neuen war dahin, wie überhaupt das Leben, gerade wenn es von außen zur Ereignislosigkeit angehalten wurde, schneller dahinging, als einem lieb sein konnte. Die Zeit hatte sich beschleunigt, holte unentwegt Luft, die sie mit Getöse wieder ausstieß, das ehern Gesetzte stand nicht mehr fest, wie es feststehen sollte. Dabei gab es, wußte Vater Hegel, keinen Grund, übermütig zu werden, die Gegenwart war nicht besser als die Vergangenheit; schließlich ragt keine Zeit entschlossener in die Zukunft hinein als die gerade herrschende, sie spreizt sich auf als Moderne, ist im Recht, hat ihr Hier und Jetzt für sich, darauf muß man sich nichts zugute halten. Es war eine Kopfsache, im Kopf probten die Leute eine Aufbruchstimmung, die auf Menschenfeier hinauslief. Der Mensch, weggerückt von der Demut, die ihm bislang gut bekommen war, trat in seine eigenen Fußstapfen, er tappte sich selber nach. Die göttlichen Wegbereiter zählten nicht mehr, dabei stammten die Fußstapfen noch von ihnen; nun wurden sie neu bemessen, und am verhangenen Horizont zeigten sich künstliche Lichter, die sich vor die Sonne stellten. Zwei Flaschen Trollinger hatte Vater Hegel auf die Ankunft seines Ältesten geleert, dann hatte er Tränen in den Augen, ihm war schlecht. Aus dem Ausland kamen die maßlosen Ideen, speziell aus Frankreich; in Schwaben aber würde man ihnen standhalten und weiterhin am Gottgegebenen hängen. Dafür wollte er sorgen, obwohl er nur ein kleiner Beamter war und nun einen kleinen Beamtensohn in den Arm gelegt bekam. Durch den Tränenschleier sah er ein Gesichtchen wie das eines Äffchens, das Kind lachte nicht, schrie nicht, es hatte, fand der Vater, auffällig hervorstehende Augen, die es auf ihn richtete, ein Blick wie eine Drohung. Er wischte sich die Tränen ab; ein Mann, auch ein Beamter, sollte sich nicht allzu gerührt zeigen, das geht gegen seine Männlichkeit, und als er ein wenig klarer sah mit seinem getrübten Blick, erkannte er, daß sein Sohn wohlgeraten war, wenn auch vielleicht ein wenig zu schwer her vom Kopf. Er kitzelte ihn, dreimal, viermal, unter den Ärmchen, in der Speckfalte am kleinen Doppelkinn, an den Füßchen, dann, sehr langsam diese Reaktion, bequemte sich sein Sohn zu einem wohlwollenden Lächeln. Von da an wurde es gut.

Sagte sich der Sohn, wenn er in seiner Berliner Wohnung saß, die treue Frau längst im Bett, die Dunkelheit schwer und bergend, die Weinflaschen leer, eine hätte er sich noch holen sollen, für heut', und er in der Erinnerung Maß nahm an dem, was noch von früh auf verfügbar war. Das konnte nicht viel sein, versteht sich, denn Erinnerung wird gegeben und bezieht ihre Kraft am begleitenden Vergessen. Manchmal wird sie auch kraftlos, die Erinnerung, verfällt vor der Zeit, dann bleibt nichts mehr hängen; der Mensch entzieht sich jedem Begriff, jeder Berechnung, wird umstandslos blöde. Seinen Vater sah Hegel in den Erinnerungsstunden, die er wie eine Andacht betrieb, nur noch als Hülle, als blasse Figur ohne Gesicht, dafür mit wechselndem, starkem Bäuchlein. Schade, schon zu weit weg, obwohl ihm, aus gleichen Tagen, noch die Mutter präsent blieb, er sah sie schlafen, erschöpft von der Geburt und dem Leben, das sie geschenkt hatte, ihr Gesicht im Alter noch schön, glaubte er, und manchmal hörte er aus der Ferne ein einfaches Lied, das sang sie und mußte dafür ihren Schlaf gar nicht unterbrechen. Die Mutter war eine Mutter gewesen, wie sie sein sollte, sanft und besorgt, sie knickte nicht ein unter der Last der Familie, tat ihre Pflicht, das war das freie, ihr aufgebürdete Glück. Der Bruder, der später kommt und Soldat wird, um danach früh zu sterben, streicht durch seine Erinnerung als ein zu klein geratener Krieger. Er hat ein Steckenpferd und zwei Holzschwerter, und bevor er sprechen kann, ahmt er das Donnern der Kanonen nach. Damit erschrickt er seine kleine Schwester Christiane, die nach der Mutter gerät, aber im Bann einer Ängstlichkeit steht, die sie nie los wird. Sie hängt an den Rockschößen der Mutter, verbirgt sich, auch wenn ihr keine Gefahr droht, sie zittert vom bloßen Dasein auf einer Welt, die sie bis ins Alter für schwierig und feindselig hält. Vielleicht hätte ihr ein Mann helfen können, aber sie findet keinen Mann; noch ehe einer den werbenden Blick auf sie heften kann, ist sie ihm weggehuscht. Einmal, in der Sommerfrische, als die Hegelkinder zu einem Onkel auf die Alb gefahren sind, zeigt sich Georg Ludwig, der Krieger, als Feigling: Aus den blauen Wäldern sind sie zurückgekehrt, der Himmel über ihnen ein helles, mutwilliges Dach, das sich mit einem Mal verdüstert, schwarze Wolken ziehen auf, es grollt und es brummt, und da jagt auch schon einer jener Blitze zur Erde, von denen er, Hegel, der immer der Älteste bleibt, später sagen wird, es sei ein Einsichtsblitz gewesen, Einschlag in Gedanken, um tiefgreifende Wirkung zu erzielen, aber hier, auf der Alb, reißt er nur den schwarzen Himmel auf, zugleich rollt der Donner, rollt über sie weg wie Steinschlag, und Brüderchen Georg Ludwig geht in Deckung hinter seiner kleinen ängstlichen Schwester, die in diesem Moment nicht mal ängstlich ist, sondern nur steht und staunt und nicht weiß, wie ihr geschieht.

Das sieht er, Hegel, aus seinem Berliner Arbeitszimmer heraus, in dem er zuletzt immer weniger gearbeitet hat, lieber dafür geträumt, was er sich erlauben kann, denn die Arbeit seines Lebens ist abgeleistet; alles andere erklärt er sich zur willkommenen Zugabe. War es so? Er dachte jetzt öfter, daß er sich vielleicht doch zu wenig mit sich selbst beschäftigt hatte; immer war er schnell bei der Hand gewesen, wenn es galt, persönliche Belange unpersönlich werden zu lassen, er vertraute einer Ordnung, die nicht von ihm war, obwohl er sie, wie kein anderer, nachzeichnen konnte. In sich war er eingehaust, fühlte sich wohl, sauwohl, aber das Ich mag er nicht, nicht als selbständiges Institut, nicht als eigenmächtigen Werber; allenfalls als Blickfang, Sprachgeber, als Resonanzboden läßt er es gelten.

Manchmal muß man von weit her kommen, um jene Nähe zu erfahren, in der sich alles so, als wäre es nichts, auf den Begriff bringen läßt. Wer sich früh auf den Weg macht, geht lange und kommt immer nach Hause. Der Gang des Wissens zieht einen Kreis.

3

Christiane Hegel, seine Schwester, war ein braves Mädchen. Sie gab sich Mühe mit ihrem Leben, das sie lange durchhielt, länger als er. Was Verlassenheit war, spürte sie beizeiten, sie brauchte dafür keine Einsamkeit. Der Vater sah sie manchmal etwas scheel an, was zum einen daran lag, daß sie ein Mädchen war, Mädchen nahm man in Kauf, wollte sie rechtzeitig verheiratet wissen, auf daß sie alsbald ihrer Bestimmung nachkamen und Kinder hervorbrachten; zum andern ging ihm, mußte man so hart sagen, ihre Weinerlichkeit, ihre kleinhündische Fiepsigkeit auf die Nerven. Dann hätte er sie prügeln mögen, in bester Absicht, aber Vater Hegel beherrschte sich, in allem und jedem, er war ein rechtschaffener Mensch, der es nicht gerne hatte, wenn man sich gehen ließ. Christianes Leistung ist nicht gering zu schätzen; sie ging gegen allerlei Gebrechen an, reale und eingebildete, sah ihrem eigenen Verfall zu, den sie vorwiegend an ihrem Gesicht abzulesen meinte; dort zuckte es verräterisch, Augenlider, der Mund, welcher, ihrer gewöhnlichen Stimmungslage folgend, frühzeitig einen Zug nach unten bekam, aber auch in einem an sich niedlichen Grübchen auf der linken Wange wetterte es oft, so als lagerte unter der Haut heißes See-lengestein, das sich, wenn es denn sein sollte, zum Aus-bruch entschloß. Ihre Zuckungen nahm man hin wie ihre Tränen und die gesonderte Trauer auf ihrer Miene; mit den Jahren häufte sich alles zu einem nervösen Leiden, die Ärzte waren ratlos, empfahlen Salben, Bärlauchsud, kalte Umschläge, selbst dagegen kämpfte sie noch an, bravourös; sie kam beim Grafen von Berlichingen unter, der seiner zänkischen Gattin, hieß es, tatsächlich ab und an jenes Zitat entgegenschleuderte, das Goethe dem gräflichen Vorfahren Götz von B. zugeschrieben hatte, was Christianes Befinden aber auch nicht aufzuhelfen vermochte, denn Streit und böse Worte konnte sie noch weniger ertragen als die gewöhnliche Gleichgültigkeit. Sie betätigte sich als Gouvernante, was vom Arbeitsauf-wand her auf Verwaltung des Unwichtigen hinauslief; gelegentlich brachte sie ein paar jungen Mädchen, die sie, wenn sie sich unbeobachtet wähnte, neidisch beäugte, die Künste der Handarbeit bei, unterrichtete Französisch, das sie schon immer besser konnte als Bruder Hegel, der sich dafür eine sprachunabhängige, nach innen gezogene Bewunderung für die französische Lebensart bewahrte, von der ihn die Weine und die entschlossene Tathandlung der Französischen Revolution am nachhaltigsten beein-druckten, worüber er im Laufe der Jahre nur noch ungern sprach, da man ihn, mit seiner ausdrücklichen Billigung, inzwischen auf deutsches Wesen festgelegt hatte.

Als Christiane Hegel ihre Traurigkeit, ihr Frieren an einer geschlossenen Wirklichkeit, in der sie ein Auskommen, nie aber ein Unterkommen gefunden hatte, nicht mehr zu bewältigen verstand, als sie sogar noch im Schlaf weinte, der ansonsten ihr bester Freund gewesen war, mußte man handeln; sie wurde der bekannten und gefürchteten Nervenheilanstalt Zwiefalten übergeben, und dort war ihre Wirklichkeit dann endgültig geschlossen. Ihr Bruder, der die Philosophie inzwischen in ein gehobenes Endstadium gehievt hatte und ein berühmter Mann war, zahlte für ihre Unterbringung, mehr konnte und wollte er nicht tun. Am Ende ihres bewußten, nicht sehr glücklichen Lebens verlernte Christiane das Farbensehen; eines Morgens wachte sie auf, es war Sommer, die Vögel lärmten in den Bäumen, die Sonne, die mit dem Himmel zu einer blassblauen Kugel verschmolz, wärmte ein schmiegsames Land, der Hund der Nachbarn bellte, die rötliche Gardine vor ihrem Fenster strich sich an einem schwachen Wind ab, es war so wie oft und immer, aber Christiane sah's nur als Grau in Grau, der Winter fiel in den Sommer, der November, ödester aller von Menschen ersonnenen Monate, wurde Juli, die Welt zeigte sich einheitlich düster. Kurioserweise weinte sie da nicht mehr, Christiane Hegel, obwohl sie doch sonst kaum eine Gelegenheit ungenutzt ließ, ihre Tränen fließen zu lassen; nein, das Leid, das ihr mit dem Verschwinden der Farben widerfuhr, überstieg das gewohnte Maß, schlug, nachdem sie es, auf ihre Art begriffen hatte, ins Gegenteil um, wurde zum Zeichen für eine endgültige, nun schon versöhnliche Gewißheit. Sie wußte mit einem Mal, was zu tun war, der Kampf war vorüber, vielleicht hätte sie ihn viel früher beenden sollen, ihre Tapferkeit zählte nicht mehr. Als Hegel, der ein Jahr zuvor leider selbst verstorben war, »an einem fernen stillen Ort« vom Freitod seiner Schwester erfuhr, den sie sich in den schäumenden Wassern der Nagold beibrachte, war er erleichtert, er schämte sich dafür. Eine merkwürdige Trauer befiel ihn, für die er keine Worte fand. Von oben herab schaute er noch einmal auf sein früheres Leben, sah, wie er mit feuchten Augen vor einem Fläschchen Wein saß und ratlos in einem Buch blätterte, dessen Autor ihm noch vage bekannt vorkam. »Das Ich hat zur Entäußerung seines Lebens kein Recht«, stand da geschrieben, »der Tod muß von außen als eine Naturursache oder im Dienste der Idee von fremder Hand empfangen werden.« Danach erst konnte er richtig weinen, was aber, dankenswerterweise, niemand mehr mitbekam. Christiane indes, wäre sie noch bei ihm gewesen, hätte wohl gerne mit eingestimmt.

4

Die Vorfahren der Hegels stammen aus der Steiermark und aus Kärnten. Einer heißt Johannes Hegel, ist Kannengießer und Genußtrinker; er bringt es zum Bürgermeister von Großbottwar, wo heute noch ordentlich Wein getrunken wird. Die Hegels treten wie gestandene Leute auf, sie sind Pfarrer, Schreiber und Advokaten. Die Familie ist verzweigt und gediegen, von Genialität keine Spur, zumindest dringt nichts nach außen. Das gilt für Hegels Großvater, der sich als Amtmann in Altensteig im Schwarzwald betätigt, das gilt für seinen Vater Georg Ludwig Hegel, der Rentkammersekretär ist und Ende September 1769 eine junge Frau mit dem richtungsweisenden Namen Maria Magdalena Fromme heiratet. Als Georg Wilhelm Friedrich Hegel am 27. August 1770 in Stuttgart geboren wird, setzt er die Familientradition fort: Auch er gibt sich äußerlich bieder, hegt seinen Genius im Verborgenen, ja, er hat große Mühe, ihn überhaupt zu finden. Nachdem er ihn aber gefunden hat, hält er sich mit ihm zur Arbeit an; die große Idee braucht nur einen Wurf, ist seine Überzeugung, sie muß jedoch ständig gehegt und gepflegt werden. Auch im Gedankenreich der Philosophie ist Vertrauen gut und Kontrolle besser. Hegel steigt in der Philosophie vom Außendienstmitarbeiter zum Aufsichtsratsvorsitzenden auf, dabei ändert er an sich nur das Nötigste, das Unabänderliche beläßt er im Zugzwang. Seine Geschichte mutet erst schwäbisch, dann deutsch an; woanders aber hätte sie sich nicht ergeben können. Was Hegel ausbreitet, ist ein Denkexempel, das nichts Geringeres wagt, als die Grenzen unseres armen Kopfes auszuloten. Dahinter, hinter den Grenzen, lauert entweder Gott oder der Wahnsinn oder gar nichts oder nur die Großausgabe jenes Geistes, dem sich der Philosoph Hegel anheimgab und dienstverpflichtete. Er fing früh damit an, unscheinbar, redlich, nicht dumm; das alte Philosophen-Spiel *Ich sehe was, was du nicht siehst* wollte er nicht spielen, alle sollten sehen, was er sah; dafür überging er die Ängste, verschwieg er die Zweifel, nahm er Selbstvergessenheit in Kauf.

Als Kind freute sich Hegel auf die Schule. Man sagt ja, auch heute noch, daß zweckmäßigerweise fürs Leben gelernt wird, nicht für die Schule, nicht für Eltern oder sonstige Aufsichtspersonen, die ohnehin alles besser wissen. Eigentlich lernt man aber erst einmal für sich selbst, woraus zu folgern wäre, daß ein jeder das Leben ist, für das er lernt, eine Übereinstimmung, aus der sich gewagte und weniger gewagte Überlegungen ableiten lassen, die zunächst schlagartig einleuchten, dann jedoch, wenn man sie wiederholt dreht und wendet und neu bedenkt, zur Verwirrung führen. Verwirrt wollte er nicht werden, er wollte Klarheit und möglichst wenige Zweifel. In der Lateinschule, die er in Stuttgart besuchte, saß er in der ersten Reihe. Das war angemessen, fand er, da hatte er alles im Blick, und der Lehrer sah, wie er das Ärmchen hob und bereit saß, Antworten zu geben. Auch wenn er eigentlich keine wußte; es ging ums Prinzip, Fragen waren dazu da, beantwortet zu werden. Das gebot eine gewisse Höflichkeit; ein fragender Mensch, indem er fragt, schenkt einem anderen Menschen Vertrauen, das nicht durch Schweigen übergangen werden darf. Während seine Klassenkameraden ihre Mühe hatten, still zu sitzen, war er anders, saß still, auffällig still, was keine vorzeitige Erstorbenheit war, kein breit ausgelagertes Phlegma, sondern frühe Gewohnheit. In der übertriebenen Bewegung nämlich schmerzte ihm der Kopf, auch beim Laufen, die Gedanken purzelten durcheinander, entzogen sich jener Ordnung, die er zum Denken brauchte, damals wie heute. Die Unruhe indes, die sich bei den anderen in ständiger Verdrehtheit, in Zwicken und Necken, in schleifendem Herumrücken auf dem Stuhlgesäß zeigte, kannte er durchaus, sie drehte sich ihm nur nach innen, lagerte dort als lautlos brodelnde Anspannung. Immer erwartete er etwas, ein Fortschreiben auch dieser allerersten Geschäfte, die an kein Ende kommen durften, denn es ging ja weiter, immer weiter; auf Fragen ergingen Antworten, die zu neuen Fragen wurden, während die Glocken die Zeit anschlugen und die Sonne das Licht warf, während Alte starben und Kinder in die Welt kamen, während der hiesige König über die Köpfe hinweg regierte und eine Macht, die höher ist als der hiesige König, alles sicher in Gang hielt, während es Ruhe gab nur im Schlaf, dem aber, damit es nicht zu harmlos wird, die unruhigen Träume aufliegen. Einer der Lehrer, an die er sich erinnerte, hieß Gscheidle, ein schon ältliches, gebeugtes Männchen mit gezurrter Perücke, das sich am Rohrstock festhielt, um nicht fortwährend einzuschlafen. Ja, es war unendlich müde, das Männchen, der Kopf sackte ihm nach vorn, auf die dünne Brust, noch während es sprach, in einnässender Rede, kein Satz kam ans Ende, denn vorher schlief es ein, mit halb offenem Munde, blödsinnig aussehend, eigentlich, aber das wagte man nur hinter vorgehaltener Hand zu tuscheln, es gehörte sich nicht, für Kinder schon gar nicht, über Respektspersonen zu lästern. Ein Lehrer war eine Respektsperson, nicht jedoch Gscheidle, den es allerdings zu entschuldigen galt, denn er hatte, sagte man, die schottische Schlafkrankheit, welche ihn bis zum Tod, der die transzendentale Variante des Schlafes ist, nicht mehr losließ; dabei ging es nur um Sekunden, wenn er einnickte, früher oder später entfuhr ihm ein monumentaler Schnarcher, der ihn aus allen Träumen riß. Er schreckte hoch, krallte den Stock, fuhr genau an der Stelle fort, an dem ihm der Satz abgebrochen war; eine bewundernswerte Leistung, fand Hegel, der in seiner Berliner Wohnung am Fenster stand und in die Abenddämmerung starrte.

Bewundernswert, denn er selbst, in die Jahre gekommen, hatte inzwischen Schwierigkeiten, sein Denken zu Ende zu bringen. Die Ordnung, die er zur Feier der Welt errichtet hatte, war brüchig geworden. Mit einem Mal gab es Schlupflöcher, Verwinkelungen, Nischen. Seine Gedanken durften nun, ungestraft, umherziehen, sie schweiften ab, drehten sich im Kreise, der ein anderer Kreis war, dunkles, untergründiges Terrain, nicht der Kreisgang des Denkens, an dem seine ganze Philosophie hing. Er hatte einen insgesamt unguten Verdacht: Der Geist des Weines war schuld, jener allererste enthusiasmierende Beweger, der sein Leben anschob, ein unsichtbarer, unermüdlicher Brandbeschleuniger des Wissens, nichts hielt ihm stand, aber dann war er lastend geworden, das eigene Gewicht drückte ihn herunter, brachte ihn in träge Seßhaftigkeit; der Geist, frei gestelltes, Gott gleiches Medium, wurde wieder Geist des Weines, der hartnäckige Rückstände erkennen ließ, vom Weingeist blieb nur der Weinstein. Er setzte sich ab, an den Gläsern, in ihm, verknotete den Fluß der Gedanken und des Blutes. Konnte man sagen, unhöflich, daß er zuviel soff, so hatte es sein früherer Hausarzt Dr. Schulte-Langen, ein grober Westfale, ausgedrückt, dem er daraufhin den Laufpaß gab. Für die Wahrheit war er selbst verantwortlich, der Philosoph, nicht ein rotwangiger, plumpschädeliger Medikus, der sich allerdings an die vermuteten Tatsachen hielt.

»Wenn ich Sie so anschaue«, hatte er gesagt, »wenn

ich Sie so anschaue, Sie hochrühmlicher Mensch, sehe ich Bedenkliches. Ihre Augen stehen hervor, sind gallertartig und trübe. Ihre Hände zittern, auch wenn Sie sich nur an Ihrer ungepflegten Perücke kratzen. Ihr Atem geht unverhältnismäßig schwer, Sie haben Schorf an der Backe, der entweder von fortgesetzter Unreinlichkeit herrührt oder das Resultat einer schlecht verheilten Wunde ist, die Sie sich im täglichen Suff zugezogen haben. Sagen Sie nichts, es kann gegen Sie verwendet werden. Ich kenne Leute wie Sie, Herr Professor Hegel, sie verbergen sich hinter einer zweifelhaften Ruhmseligkeit, die dazu beiträgt, über offensichtliche Laster hinwegzusehen, was aber ein wachsamer Mediziner nicht durchgehen läßt. Unsereins sieht sehr viel genauer hin als ein Philosoph, der sich im Spekulativen herumtreibt. All Ihre sogenannten Beschwerden, Magendruck, Völlegefühl, saures Aufstoßen, Herzrasen, flagrante Nervosität, bis hin zu Haar- und Zahnausfall und Ihre verschiedenen, plötzlich auftretenden Absenzen, haben nur eine Ursache, das Saufen.« »Ich saufe nicht«, hatte Hegel daraufhin kraftlos erklärt, dabei rumorte doch schon die Wut in ihm, »ich trinke ab und zu ein Glas Wein. Zu den Mahlzeiten, beispielsweise.«

»Zu den Mahlzeiten?«, höhnte der Arzt. »Dann darf Ihre Existenz wohl als eine einzige, langanhaltende Mahlzeit bezeichnet werden. Sie sind, wenn ich das so sagen darf, ein Drei-Liter-Philosoph.«

»Wie bitte?«

»Ich will damit sagen, daß Sie mindestens drei Liter Wein am Tag trinken.«

»Nie und nimmer.«

Der Mann hatte recht, leider, aber er hatte kein recht, es zu sagen. Hegel hielt nicht viel von Aposteln, am wenigsten von Gesundheitsaposteln, die ihr flüchtiges Dasein mit Regularien und Exerzitien durchzogen und sich dabei der Hoffnung hingaben, ein paar Zeittakte länger zu leben. Er gestattete sich lieber das bewährteste und verläßlichste aller Vergnügen, für das sich, auch von den Anfangsgründen her, gesundheitspolitische Motive ins Feld führen ließen. Schließlich hatten schon die Alten die Zuträglichkeit des Weines entdeckt, sie wußten, daß er die Gefäße weitete, die Laune anhob, das Denken beflügelte. Auf Mengenangaben hatten sie tunlichst verzichtet, von Schäden war keine Rede. Der Mensch gleicht, wenn er im Geist aufnahmebereit ist, einem Gefäß, das nicht überlaufen kann. Dennoch wäre weniger mehr gewesen, wußte er; er selbst durfte sich das zugestehen, nicht aber eine Maultasche von Arzt, der die Welt nur als Ärztemuster begreift.

»Ich möchte Sie bitten zu gehen«, sagte Hegel. »Und bitte gehen Sie gleich.«

»Sie setzen mich vor die Tür?«

»Es wäre schön, wenn Sie das selbst besorgen könnten.«

»Sie werden Schwierigkeiten bekommen«, sagte Schulte-Langen und packte seine Gerätschaften in eine abgewetzte Arzttasche. »Der Alkohol lagert sich im Gehirn ab, er beeinträchtigt Ihre Denkfähigkeit, mit der es allerdings, Ihrem Fach entsprechend, ohnehin nicht weit her sein kann. Vielleicht reicht Ihr Lebenswandel noch für ein fortgeschrittenes Alter, wer weiß, nicht jeder, der willentlich sündigt, wird gleich bestraft. Ich prophezeie Ihnen das siebhafte, nicht das triebhafte Gedächtnis; Sie werden eines schlechten Tages mehr Löcher in Ihren Hirnwindungen haben als Ihnen lieb ist, und jedes dieser schwarzen Löcher steht für schmerzhaftes Scheitern, für den Absturz eines Gedankens. Das werden Sie am Anfang noch wehleidig registrieren, danach werden Sie gar nichts mehr registrieren, denn Ihr Bewußtsein hat sich sang- und klanglos verabschiedet. Sie werden ein Wrack sein, Herr Professor Hegel, ein gutmütiges, versoffenes Wrack, ein Mann für die Pflege. Guten Tag.«

Da ging er, der Arzt, und ward, Gott sei Dank, nicht mehr gesehen. Hegel stand am Fenster, sah die Lichter der Nacht; ein fernes Raunen war in der Stadt, das von der Zeit sprach, die noch kommen sollte. Er liebte diese Dämmer- und Dunkelstunden, er liebte die bergende Nacht. Alles wurde ihm leicht dann, das System, das er nach besten Kräften entworfen hatte, verlor sich in den Tiefen der Seele, der er erst jetzt, im fortgeschrittenen Alter, verhaltene Aufmerksamkeit schenkte, es ging ja nicht anders; wer zu früh absteigt zur Seele, kommt darin um.

5

Nach allem, was man von ihm zu wissen meint, war er ein fleißiger Schüler, unauffällig, gutwillig, bemüht, er schlug nicht über die Stränge. Das ist die offizielle Version, die umso offizieller ist, da wir uns, in diesem wie in anderen Fällen, die inoffizielle Version aus der Überlieferung selbst herleiten müssen. Ein fleißiger Schüler zu sein ist damals die Regel, man hat noch nicht beigebracht bekommen, daß sich das Aufbegehren lohnt, die Nachfrage auf Verlangen, das Hingehen in weit ausholender Sehnsucht. Hegel besucht die Lateinschule in Stuttgart, geht dann auf das *Gymnasium illustre*, das später Eberhard-Ludwigs-Gymnasium heißen wird. 1788 macht er die Reifeprüfung und war doch Jahre zuvor schon, sagt die offizielle Version, erstaunlich reif, was auch als altklug zu bezeichnen wäre. Etwas Ältliches soll er von Kindesbeinen an gehabt haben, heißt es, eine Verständigkeit, die man, gelegentlich, für überzogen hielt. Hegels Vater scheint seinen Ältesten so gesehen zu haben, wie ihn später die Biographen sahen; der Sohn wird frühzeitig zu einem erst ordentlichen, dann vielversprechenden Mitglied der Gesellschaft ausgebildet, wofür auch Privatlehrer Sorge tragen, die von Zeit zu Zeit mit herangezogen werden.

Hegel hatte eine Kindheit, in der es wenig in Frage zu stellen gab. Das kann man positiv sehen; gerade Kinder leiden darunter, wenn sie sich zum Selbstverständlichen, der runden Einheit von Welt und Ich, auf einmal querstellen sollen. Hegels Scheu, gegen die Diktatur der Begriffe anzugehen, zu der er seine Philosophie lebenslang anhält, hat möglicherweise mit der Angst zu tun, aus einem Weltbild zu fallen, das sich in früher Geschlossenheit als vereinnahmend und harmoniefördernd erwiesen hatte; bricht man es auf, machen sich Verzweiflung und Zerrissenheit breit, die er in den Tiefen der Seele vermutet. Die Seele des Menschen ist unsichtbar, reichhaltig, unerschöpflich; gerade das aber läßt sie, im Gegensatz zur schwebenden Ungerührtheit des Geistes, anfällig werden für die beängstigenden Schwächen des Kopfes, seine Krankheiten. »Die Seele ist nur dieses ideelle einfache Fürsichsein des Leiblichen als Leiblichem«, schreibt Hegel, »der Geist aber das Fürsichsein des bewußten und selbstbewußten Lebens mit allen Empfindungen, Vorstellungen und Zwecken dieses bewußten Daseins«. Auch die Seele, diese verfliegende, wunderbar unentbehrliche Gedankenfigur des Menschen, hat ihre zwei Seiten: Die eine ist »das unvermittelte Verhältnis der fühlenden Seele zu deren individueller Welt und substantieller Wirklichkeit; die zweite Seite dagegen ist die vermittelte Beziehung der Seele zu ihrer in objektivem Zusammenhange stehenden Welt«. Wenn »diese beiden Seiten auseinandertreten, zu gegenseitiger Selbständigkeit gelangen – dies muß als Krankheit bezeichnet werden«. Sie gräbt im Verborgenen, die Krankheit, höhlt das vernünftige Postament des Menschen aus, macht sich frei im erschreckenden Zwang fremder Bilder, die immer dann durch den geplagten Kopf streichen, »wenn das bloß Seelenhafte des Organismus, von der Gewalt des geistigen Bewußtseins unabhängig werdend, sich die Funktion des letzteren anmaßt.« Von all dem muß man als Kind aber noch nichts wissen, denn »das Kindesalter ist die Zeit der natürlichen Harmonie, des Friedens des Subjekts mit sich und mit der Welt – der ebenso gegensatzlose Anfang, wie das Greisenalter das gegensatzlose Ende ist.«

In die natürliche Harmonie platzt allerdings manchmal der Schrecken. Als der Junge Hegel eines Morgens die Augen aufschlug, blieb es dunkel. Er spürte den Lidschlag, den Sandmann im Auge, aber es wurde nicht hell. Dabei hatte sich ansonsten nichts verändert, die Welt war wie immer, er mußte zur Schule, die Mutter würde kommen, ihn zu wecken. Durchs geöffnete Fenster drang das Geräusch der Stadt, Stimmen, verschwörerisches Gemurmel, Pferdegetrappel, ein paar quiekende Schweine, die zum Markt getrieben wurden. Dann kam die Mutter herein, sagte ihr Sprüchlein auf, er hörte sie, sah ihren Leib als vertrauten Schatten der Erinnerung, mehr war nicht; er rieb sich die Augen wie wild, spürte, wie ihm Tränen emporstiegen. »Na«, sagte die Mutter, »noch so müd', Bub?« Aber dann entdeckte sie etwas, was sie nicht wahrhaben wollte; der Junge schien über Nacht entstellt, fleckig rot war sein Gesicht, dazu mit Striemen überzogen, so als ob ihn insgeheim jemand vom Kopf her durchgewalkt hätte, ein böser Erzieher, der ihn gewaltsam auf andere Gedanken bringen wollte. Sie fühlte ihm die Stirn, die geschwollen war, als hätten sie ihm ein heißes Brett davor genagelt; er hatte Fieber, sie hatte Angst. Das ging immer so schnell mit den Krankheiten, sie kamen aus dem Nichts, rafften hin und weg, gegen das Meiste gab's keine Rezeptur, und die Ärzte, nun ja; sie kannte Männer, die ihr vertrauenswürdiger vorkamen. Im Zweifelsfall baute man lieber auf Gottes Hilfe, als sich einem Arzt anzuvertrauen und von ihm Genesung zu erhoffen. Mediziner waren wie Feuerwehrleute: Wenn sie Glück hatten und rechtzeitig kamen, konnten sie die Brände löschen, Brände verhindern können sie nicht. Er versuchte sich zu erklären, sagte, daß er nichts mehr sehen könne, weinte; sie strich ihm über den Kopf, flüsterte ihm ins Ohr, daß der Herr Gott bei ihnen sei, er gebe das Licht und nehme es, nach Belieben, aber ein Kind wolle er nicht strafen, nie, Kinder seien Gott das Allerliebste auf der Welt, und deswegen bekäme er sein Augenlicht schon wieder; bald, sehr bald. Er spürte, daß die Mutter feuchte Hände hatte, sie war sich keineswegs so sicher, wie sie vorgab. Ein Arzt wurde gerufen, nach den ersten innigen Gebeten. Er erschien im Sauseschritt, denn an diesem Morgen hatte man schon öfter nach ihm geschickt, in Stuttgart gab es

Fälle von Blattern. Noch keine Epidemie, das nicht, aber man mußte auf der Hut sein. Der Arzt versetzte ihm einen Einlauf, pumpte warmes Salzwasser in seinen kleinen, frierenden Körper, der sich unterm Fieber aufbäumte, gab ihm ein Glas Rotwein zu trinken, der hilft immer. Dann befahl ihm der Arzt, die Augen aufzumachen, weit auf, ein unsinniger Befehl, denn seine Augen waren ja auf, dem Licht ausgesetzt, das sie jedoch nicht in die gewohnten Bilder umwandeln konnten. Er fuchtelte ihm mit der Hand vor den Augen herum, das merkte er am Windzug. »Der Mechanismus ist tot«, sagte der Arzt, »aber das soll noch nichts heißen. Er kann wiederbelebt werden, wenn das Schicksal es gut mit ihm meint. Wir wollen bester Hoffnung sein.« Er verordnete noch ein paar Augentropfen, scharf herabfallende Flüssigkeit, die nach den Schweinen roch, die zum Markt getrieben wurden. Dann nahm er selber noch ein Glas Wein und ging, es gab noch so viel zu tun und so wenig zu helfen. Hegel lag im Bett, zog die Decke über den Kopf. Er fror wie ein Schneider, aber lustig war, daß er seine Zähne klappern hörte; sie klapperten im Rhythmus des Fieberfrosts, der längst auch die Bettdecke erfaßt hatte und in Bewegung hielt. Danach muß er wohl eingeschlafen sein, und da war ihm, als könnte er wieder sehen, besser als je zuvor. Im Schlaf brauchen die Bilder keine Augen, sie geistern durch den Kopf, wie sie wollen, ein eigener Wirklichkeitszug, der sich auf das Wesentliche beschränkt.

Hatte er sich nicht diese Sichtweise behalten, seither, ein Sehen mit geschlossenen Augen, das auf das reale, alles aus sich herausholende und wieder eintreibende Gespinst setzt, den Geist, der die Wirklichkeit nicht als Widerpart braucht, sondern als Spiel- und Härtefeld seiner Wirksamkeit. Und das Frieren hatte er sich bewahrt, manchmal spürte er, wie jetzt, noch das wehmütige Glühen, die warmen Kälteschauer, die ihn überrinnen, auch wenn er, wie meistens, kerngesund war und alles hatte, nur kein Fieber. Er ist vom Fenster zurückgetreten, Berlin ist verdunkelt, man spart neuerdings bei der Beleuchtung. Durch die Ritze seines geschlossenen Arbeitszimmers streicht ein kühler Windhauch herein, der ihn jenes lustvolle Frösteln von einst noch deutlicher spüren läßt. Wenn er wollte, könnte er jetzt sogar mit den Zähnen klappern, aber er will nicht übertreiben. Seine Philosophie, sein Denken ist schon übertrieben genug, ist über alle Widerstände hinweggetrieben, die es vorher noch ausdrücklich gesetzt und bestimmt hat, um sie im Einflußbereich zu halten; so schafft man eine Selbstbestätigung, die kein Selbst braucht. Nur noch Anschauung, nur noch Eingehen in ein Geschehen, das vom kreatürlichen Unwissen zum Rundumblick des Wissens gelangt; sieht es, was zu sehen ist, kann es ein Ende machen.

Ein Ende schien man auch damals mit ihm machen zu wollen. Den kleinen, schwitzenden, frierenden Hegel hat er etwas zu breit geraten vor Augen, er fließt förmlich aus unter der hüllenden Bettdecke, wird zu einem kompakten Insekt. Die Mutter weinte nun des öfteren an seinem Bett, ein Schluchzen, das sie an sich unterdrücken wollte, um ihn nicht zu beunruhigen. Ließ sich aber nicht machen, das Schluchzen stieg ihr auf wie ein Schluckauf, und der Vater kam, die Mutter wegzuführen. Draußen tuschelten sie dann vor der Tür, der Vater ersuchte auf seine Art um Ruhe und Ordnung, womit er nicht nur seine Frau meinte, die sich zusammennehmen sollte, sondern auch den Sohn, der ihn ängstigte wie einer, der unwillentlich sein Schicksal herausfordert. Nachts, wenn die Mutter in einen tiefen Sackschlaf fiel und wie ein Arbeitspferd ächzte und seufzte, ging er manchmal ans Fenster, sah die spärlichen Stuttgarter Lichter, wie sein Sohn jetzt die Berliner Lichter sah, und er faltete, nachdem er sich zweimal umgedreht hatte, ob nicht doch jemand kam, die Hände, sprach ein Gebet, das er an die erste Adresse im schwarzen Himmel über sich schickte, an den ewigen, unanfechtbaren Herrn Gott, den er sich als den Erfinder jeglicher Ordnung vorstellte: Gott konnte die Unordnung nicht gebrauchen, aber sie war ihm, als er zwischenzeitlich ausruhen mußte und zu müde war, nach dem Rechten zu sehen, zwischen die Zeilen geraten, die Zeilen seiner Weltschrift, die seine Geschöpfe, denen ihr eigener Kopf nicht immer gut tat, lernen mußten zu entziffern; nachzuschreiben. Auch die Krankheiten gehörten zur göttlichen Unordnung, ja eigentlich waren sie ein unglaublicher Fehlgriff, keiner brauchte sie wirklich, am wenigsten die Kinderkrankheiten. Vater Hegel hatte Tränen in den Augen, wenn er daran dachte, daß es eher wahrscheinlich als unwahrscheinlich war, daß sein Ältester so jung starb; wenn du ein Opfer willst, hatte er einmal, am Fenster stehend und in die Stuttgarter Nacht hinausstarrend gedacht, wenn du wirklich ein Opfer willst, womit er den Herrn Gott meinte, den er sonst nicht direkt anzusprechen wagte, dann – nimm die Frau. Da hatte er zuviel roten Wein in sich, und der eh schon schwarze schwäbische Himmel wurde noch schwärzer, ein Blitz zuckte durch ihre Straße, streifte das Wohnhaus, und Gott grollte. Er mochte die Unordnung nicht, er haßte jegliche Willkür, die nicht von ihm selbst ausging, und wenn die Menschen aufmüpfig wurden, ihn anredeten wie ihresgleichen und seine Pläne, die er ja selbst nicht kannte, nach Art eines kurzfristig anberaumten Bestechungsgeschäfts zu beeinflussen oder zu hintergehen trachteten, dann wurde er sogar richtiggehend wütend. Er, alter Hegel, hatte sich versündigt in diesem einsamen schwärzlichen Moment; die Frau für den Sohn aufgeben, eine dem Wein geschuldete Schnapsidee mit dem Charakter grober Sünde. Sechs Tage lag sein Sohn danieder, er sah nichts, hörte von innen heraus vieles, was er zuvor nicht gehört hatte, eine Stimme zum Beispiel, die ihm erst Mut zusprach und dann täglich in ihm ein- und ausging wie ein Heldenberater. Am siebenten Tage zogen sich die Striemen auf seinem Gesicht zurück, er spürte, wie das langgezogene Brennen nachließ, die Hitze wich, er schlug die Zähne nicht mehr aufeinander, das Fieber lockerte seinen Griff. Am achten Tag war das Licht wieder da, das gewöhnliche Licht; die Mutter kam morgens herein, riß die Gardine fort, setzte sich auf sein Bett. Langsam, denn es wurde ein Fest, öffnete er die Augen. Da sah er, was er zuvor schon gesehen hatte, aber es war mehr geworden. Das gewöhnliche Licht, jenes, das den Augen entspricht und sich anverwandelt, hatte sich dem inneren Licht aufgeschmiegt, es zeigte sich klarer, heller, durchgeistigter. Sogar die Mutter erfuhr davon ihr Gutes: Sie bot sich ihm an wie frisch verjüngt, ohne Risse und Schründe, die Tränen, die in ihre Augen schossen, waren hell und klar, sie besaßen die Farben des Wasserfalls, über dem ein Regenbogen aufzieht. Georg Wilhelm Friedrich Hegel nickte ihr zu, er sprang aus dem Bett wie einer, der sich sputen muß, weil es vieles, sehr vieles aufzuholen gilt.

Wenig später, so erscheint es ihm aus der bedachten Distanz, fand er den Weg aufs Gymnasium, wo man ihn, der von der Dunkelheit geprägt neu und prächtig sehen konnte, mit Freuden empfing. Ganz andere Lehrer kamen nun auf ihn zu; keine schläfrigen Männchen oder verhockten Redner, hier ging es um die ehrwürdigen und erwiesenen Verlautbarungen des Wissens, dessen Hall in die jungen Köpfe zu lenken war. Er wurde weiter hinten abgesetzt, saß nicht mehr in der ersten Reihe, was ihm aber nichts machte, denn man übersah ihn ja nicht. Im Gegenteil, er schien nun etwas Ernstes im Gesicht zu haben, eine Neugier, die auf vorzeitige Belohnung aus war. Es begann ein Sommer, der nicht enden sollte. Das Klassenzimmer, sah Hegel im Berliner Dunkel, öffnete sich; er trat ein und befand sich doch schon unter den Schülern, die ihn erwartungsvoll ansahen. Er ging durch die Reihen, bis er zu dem kam, der er war, ein Bürschchen, das als einziges nicht zu ihm aufschaute, sondern sich mit den Händen unter der Bank zu schaffen machte. Er wollte das Bürschchen zur Rede stellen, konnte es denn nicht wenigstens grüßen, wenn der berühmte Gast aus Berlin sich zu ihm herabließ, aber er sah davon ab; eine einzige, nicht namhaft zu machende Erinnerung durchzuckte ihn, eine schamhafte Reminiszenz, die ihn jetzt noch rot werden ließ im leider leicht aufgedunsenen Gesicht, das ansonsten nur die gesunde Farbe verriet, die man vom Weine und von unentwegter Stubenwacht bekommt. Daß man sich selbst so fremd werden kann, obwohl doch die eine Kampflinie des Denkens gezogen bleibt und sich im wesentlichen nichts verändert. Dieses Bürschchen da, das die Hände nicht unter dem Tisch hoch bekam und zu schnaufen begann, war Teil seiner selbst, ein ferner naher Verwandter, ein Schattengewächs im Lichthof des Denkens; auch wenn er es lange mit Vergessen bedacht hatte, ließ es sich nicht entfernen, es blieb im verborgenen Anwärterstand. Hegel ging in seinem Arbeitszimmer auf und ab, das war die Bewegung, die er sich noch gönnte. Öffentliche Spaziergänge, zu denen ihn seine liebe Frau Marie drängte, waren nicht mehr sein Fall, er wurde zu oft gegrüßt dabei, mußte aufschauen, nicken, man nahm ihn in einer Weise wahr, die keinen Entzug kannte.

An der Wand tanzen fleckige Schatten, das Kerzenlicht rußt. Die Bücher bilden eine Phalanx, die ihn einst noch erschreckt hat, nun ist sie überwunden. Er schenkt Wein nach, kostet, schmeckt, ein wenig zu pelzig der Geschmack dieses Roten, der aus dem Languedoc stammt; sein Kollege Schleiermacher, den er nicht mag, als Mensch nicht und noch weniger als Professor der Theologie, hat ihm zuletzt einen Weinhändler empfohlen, der preisgünstig liefert; der Keller ist voll, man wird sehen, wie lange das hält. Er umkreist den Schreibtisch; wenn er sich dabei beobachten wollte, würde er eine leicht gebeugte Haltung feststellen, gesenkte Schultern, ein schlurfender Schritt, er muß aufpassen, daß er nicht in den welligen Teppichen hängen bleibt und stürzt. Das ist ihm bislang zwei- oder dreimal passiert, so etwas geht schnell, die Füße nicht genug angehoben, und schon flieht ihm das gewohnte Gleichgewicht; beim ersten Mal hatte er noch ein halbvolles Glas in der Hand, das ihm bei seinem Sturz, der eine Beule nebst leichter Schulterprellung einbringt, aus der Hand gerissen wird und gegen die Bücherwand fliegt, wo der Alphabetsbereich S mit den Schriften seines Freundes Schelling errötet, der längst nicht mehr sein

Freund ist. Anfangs hatte er, Schelling, sich noch auf seine Kosten profiliert, er eilte ihm, dem Schwerfälligen, davon. Schelling, das philosophische Wunderkind, ein ansehnlicher, ja ein hübscher junger Mann, fünf Jahre jünger als der grämliche Hegel, der gar nicht grämlich war, sondern nur grämlich aussah, weil die Faltenbildung in seinem Gesicht etwas früher einsetzte, das besorgten die inneren Zweifel, die ständig niedergehalten werden mußten, und jene geheim arbeitende Macht, welche für die Physiognomien zuständig ist, für die Zumutungen des Leibes, den man anzunehmen hat, an ihm gibt's nichts zu rütteln; man kann ihn aber, wenn man sich seiner versichert hat, mit Hilfe des Geistes überfliegen, der ja überhaupt alles überfliegen kann, sogar die toten Gebirgsmassen der Alpen. Aber das war eine andere Geschichte – und kam erst noch.

Hegel hat den Schreibtisch umkreist, er ist in dieser Nacht gut zu Fuß. Sein Glas hat er, vorsichtshalber, auf der Anrichte stehengelassen, man weiß ja nie. Doch, man weiß, und wie man weiß, und als er selbst, der Hegel, endgültig wußte, zu was es ihn befähigte, da blieb das Wunderkind Schelling zusehends zurück. In einer Nacht, wieder in einer Nacht, war er, so als müßte er das eine große Mysterium mit privatem Brief und Siegel hinterlegen, in das Denken eingezogen worden, eine Dienstverpflichtung, der er mit bemühter Freiwilligkeit antwortete; anhaltend. Im nachhinein ärgerte Hegel sich, daß er zuvor den Devoten gegeben hatte, den Idioten; was hatte er nicht für unterwürfige Briefe an das Wunderkind Schelling ausgesandt, er ersuchte untertänigst, der Freund, war er je wirklich ein Freund gewesen, möge ein paar richtungweisende Gedanken aus dem Schatz seiner überschießenden Weisheit abzweigen und sie ihm mitteilen; er, Hegel, wolle sie umgehend bedenken und zu seinem Nutzen herrichten. Schelling, damals schon auf der Höhe eines Ruhmes, der früh, zu früh begann und später keine Steigerungsmöglichkeiten mehr besaß, antwortete launig; von oben herab teilte er mit, was zu tun sei, es interessierte ihn herzlich wenig. Damals hatte Hegel es nicht wahrhaben wollen, er freute sich, daß er überhaupt Post von einem bekam, den man in einem Atemzug mit Kant und Fichte nannte. Hätte er nicht ebenso reagiert, so gehetzt, in Eile, gedrungen vom Gefühl, zu den Auserwählten zu gehören? Er setzte sich in den breiten Ohrensessel, der am Rand seines Weges um den Schreibtisch stand, ein Sitzmöbel wie eine Burg, von der aus er alles im Blick hatte. Von hier aus warf das Fenster spiegelnde Lichter, die aus der Stadt heraufkamen, sie zitterten wie in einem umfänglichen Wind. Sein Weinglas stellte er auf dem Tischchen neben sich ab, ein Erbstück der Nürnberger Schwiegermutter, die seinen Weinkonsum von frühen Tagen an kritisch beäugt hatte. »Ein bißchen viel«, sagte sie öfter, »ein bißchen viel. Meinen Sie nicht?« – »Nein«, hatte er geantwortet, »ich nehme nur zu mir, was mir bekommt.« Das überzeugte sie nicht, sie ließ nicht locker. Schließlich verfiel sie auf die an sich naheliegendste Idee, sie versuchte ihn von den Vorzügen des Bieres zu überzeugen. Naheliegend war diese Idee, weil seine Frau, Marie Hegel, geb. von Tucher, aus einer angesehenen Nürnberger Familie stammte, die sich später, auf Grund langgehegter Interessen, zu einer Bier-Dynastie verzweigte. Er mochte Bier, in Maßen; Tucher Bräu jedoch schmeckte ihm nicht so gut, er fand es etwas lasch, zu wässrig und auch in der Farbe verräterisch matt. Als er seinen ersten Anstandsbesuch bei den Tuchers absolvierte, mußte er Bier trinken und höfliche Worte verbreiten; schließlich war er ein Bewerber, der ernste Absichten hatte. Der alte Tucher wartete darauf, gelobt zu werden, Hegel tat es nicht, sprach über Allgemeines, das konnte er damals schon am besten, und auch seine Philosophie hatte er bereits darauf eingeschworen. So besprach er das Nürnberger Wetter, das günstiger sei als sein Ruf, er pries die Gassen der Altstadt, in denen man auch als Fremder sogleich heimisch sei; schließlich erwähnte er, daß man höheren Ortes auf ihn aufmerksam werde, weil er die Philosophie zu einem geldwerten Zahlungsmittel der neuen Zeit mache, keine Ausflüchte, keine Gespinste mehr, Philosophie sei ihre Zeit in Gedanken gefaßt, verstehen Sie, nein; auf jeden Fall könne er auch eine Familie ernähren. Wenn es denn sein müsse, und es müsse wohl sein. Kein Wort zum Bier, der alte Tucher blickte grimmig, seine

Tochter hatte auch schon mal glücklicher ausgesehen, und Hegel dachte an den Spruch, den ihm ein Gassenjunge vor dem Hause des Bierbrauers zugerufen hatte: Tucher Bier ist unerreicht, zwei getrunken, drei geseicht.

Die Nacht, immer – die Nacht. Wenn es ganz still ist, bleibt die Zeit stehen, gehorsam, sie ist ohnehin nur der erst wilde, dann immer zahmer und zahnloser werdende Antreiber des Geistes. Sogar der Schlag der Wanduhr verstummt; wenn er jetzt ins eheliche Schlafzimmer tappen würde, wäre sie auf immer verstummt, eingegangen in das Miniaturbild einer Ewigkeit, die vom gänzlich bestimmten Augenblick lebt. Stark ist sie nicht, diese kleine Ewigkeit, nur sehr dicht und schwer, sie läßt das vergangene Licht herein, bündelt es zur starken Gewißheit, die ein Concentrat ist, ein Kopfschmerz zupackender Gewißheit. Dann fällt sie in sich zusammen, muß so sein, denn die Momente falten sich auseinander, es geht immer weiter, auch in der Bejahung, auch in der Bestätigung; Stillstand wäre der Tod, und der hat ein Geheimnis, auf das man nur im Schlaf kommt, um es tags darauf gleich wieder zu vergessen. Er schenkt Wein nach, kein guter Tropfen, wie gesagt, am Morgen, der noch fern ist, wird sich seine Zunge anfühlen wie ein Stück Hasenpelz.

Damals, in Stuttgart, als Gymnasiast, der das Beste aus sich herausholen wollte, trank er Wein, als wär's das erste Mal. Mit zwei Kumpanen war es, an einem

Sommerabend, der ihn, so die Version für den Vater, eigentlich bei seinem ehemaligen Hauslehrer Duttenhofer sehen sollte, dem es oblag, halbvergessene Geometriekenntnisse aufzufrischen, aber bei Duttenhofers war er ja nicht, sondern er traf die Kumpane Autenrieth und Pfaff, erstaunlich, daß ihm in diesem Augenblick die Namen so präzise einfielen; sie fanden zusammen, aufs Stündlein genau, er sieht noch den geschützten Winkel im Park, die Bank, gesprenkelt mit Vogelkot, Buschwerk, und Autenrieth holt eine bauchige Korbflasche hervor, entkorkt sie fachmännisch, dann wird sie herumgereicht. Der erste Schluck schmeckte wie der Wein jetzt, belegt und behaftet, gewöhnungsbedürftig, durch tapfere Wiederholung jedoch zu besänftigen, woraufhin das Trinken erhebend wird; eine anschwellende Akte zur beliebigen Wiedervorlage. Sie saßen und tranken und schwiegen, man braucht keine Worte, wenn man sich wohlfühlt wie ein zufriedengestelltes Tier; es war noch nicht dunkel, aber ein blasser runder Mond stand schon am Stuttgarter Stadthimmel, das Weltall war weit wie das träge Herz. Der Schüler Pfaff rülpste, dann war der Zauber vorbei. Sie schlichen nach Hause, er versuchte, sich am Vater vorbeizudrücken, der ihn eindringlich ansah, aber nichts sagte. Als er im Bett lag, drehte sich die Erde, sein Magen drehte sich mit. Er kam sich wie ein Sünder vor, der unter einem an sich großartigen, aber strafwilligen Firmament bereitwillig gesündigt hatte. Wenn es eine Vergebung dafür gab, mußte er sie sich selbst erteilen, er stand ja im Geheimnis. Die Augen fielen ihm zu, was nicht gut war, denn die Erde, auf der er thronte wie auf einem baufälligen Abtritt, drehte sich schneller, noch schneller, das Bett wurde zum Geschoss, mit dem man die unbelehrbaren Sünder ins Verderben katapultierte. Da gab er sich keck, obwohl es ihm elendig ging; ist denn Sünde überhaupt Sünde, dachte er in seinem Rotieren, wer gibt das Böse aus, wer das Gute; niemand da, nur der, den es trifft, und in seinem armen Kopf, der ihm an diesem Abend wie eine überreife Frucht vorkam, richtete sich eine vorsichtige, keineswegs übermütige Einsicht auf: Alles, was mir zukommt, bin ich, und auch wenn alles unter höherem, sehr notwendigem Diktat steht, braucht es die Last und den Spiegel, die Gewißheit in mir. Dann schlief er ein, ein Schlaf, wie er ihn später noch oft hatte; im Schlaf wurde er, bester Dinge, aber leicht übelmagig, von oben nach unten durchgereicht, er nahm an Gewicht zu, rollte wie eines der Weinfässer, die man ihm, wenn er es wollte, in den Keller brachte, seine Nahrung, sein Leben, und ein solcher Schlaf, kein Ruhen im eigentlichen Sinn, konnte nur kurz sein, ein schnelles, nicht namhaft zu machendes Abenteuer ohne Berichterstatter; nach drei oder vier Stunden wachte er auf, nicht erfrischt, dafür noch schwer, er schlägt sein Wasser ab, todmüde, unruhig, mehr war von diesem Schlaf nicht zu holen, mehr – braucht er auch nicht.

6

Hegel drängt sich die Vermutung auf, daß er ein Spät-
berufener sein könnte. Der Spätberufene läßt sich mit
allem, was er tut, Zeit; seine Langsamkeit scheint System
zu haben. Was ein solcher Mensch zustande bringt, ist
bestenfalls solide, selten jedoch genial. Für die Genialität ist ein anderer Typus zuständig, der des jungen
Genies, eines Überfliegers im Geiste, dem ganz einfach
zufällt, was anderen, den weniger Bemittelten, schwerfällt.
Trotzdem sollte man den Spätberufenen, der von seinen
Kritikern eher für einen Handwerker denn für einen
Künstler gehalten wird, nicht unterschätzen; was er sich
durch zähe Arbeit erwirbt, kann sehr wohl großartig sein
und letztendlich als reife Leistung durchgehen, die für
eine etwas andere Form der Genialität spricht. Während
seines Studiums in Tübingen ist Hegel denn auch weniger
durch besondere intellektuelle Leistungen aufgefallen,
sondern durch Beharrlichkeit und eine gesellige Art, die
bei seinen Kommilitonen gut ankam. Er galt als trinkfest,
und wenn man etwas an ihm lobte, war es sein hinter-
gründiger Humor. Einer von Hegels ersten Biographen,
der Philosoph Karl Rosenkranz, schreibt 1844: »Man

fand an ihm damals nichts besonders Geistreiches heraus. Seine Jugendbekannten in Schwaben waren erstaunt, als er sie später mit seinem Ruhm überraschte. Das hätten wir, hieß es, vom Hegel nimmer gedacht! – In den ritterlichen Künsten der Akademie blieb Hegel zurück. Er ritt zuweilen. Er trank …, namentlich während des Sommers 1790, wacker mit. Er fing … das Fechten an, gab es aber bald wieder auf. Zu manchen äußerlichen Hemmungen … kam noch eine Vernachlässigung des Anzugs. So sehr er daher auch mit jungen Damen zu verkehren liebte und so gut er bei ihnen seiner Gesinnung und geistigen Munterkeit wegen gelitten war, so wenig glückte es ihm doch bei ihnen … Wenn es anging, suchte Hegel mit den Damen ein Pfänderspiel zu arrangieren, wo ihm denn doch von holdem Munde auch ein Küßchen zu Teil werden mußte. Alle diese Umstände vereinigten sich, ihm eine etwas grämliche, schwerfällige Außenseite zu geben, ihn älter erscheinen zu lassen, als er war. Er bekam daher im Stift den Spitznamen: der alte Mann oder auch … Alter.«

Für die Genialität in Tübingen sorgen Freunde Hegels, der Dichter Hölderlin etwa und, allen voran, der spätere Philosoph Friedrich Wilhelm Joseph Schelling, den man für ein kaum älter werdendes Wunderkind von nahezu unbegrenzten Talenten hielt. Während einige seiner Studienkollegen bereits auf den Höhen der zeitgenössischen Philosophie wandelten, übte sich Hegel noch in aufmerksamer Zurückhaltung; bei Diskussionen hörte er lieber zu, als selber das Wort zu ergreifen, und er bewunderte die Belesenheit der jeweiligen Meinungsführer. Nachdem Hegel ein zweijähriges Studium hinter sich gebracht hat, wird er 1790 zum Magister der Philosophie ernannt; drei Jahre später legt er sein theologisches Konsistorialexamen ab, das ihn dazu berechtigt, ein geistliches Amt anzustreben, wovon er jedoch Abstand nimmt. Das Abschlußzeugnis, das man Hegel ausstellt, entspricht zwar im großen und ganzen der listigen Unauffälligkeit, mit der er in Tübingen gewirkt hat, ist jedoch besser, als es Rudolf Haym, ein anderer Biograph Hegels, wahrhaben will, der zu dem Ergebnis kommt: »Seine Lehrer gaben ihm das Zeugnis mit auf den Weg, daß er ein Mensch mit guten Anlagen, aber mäßigem Fleiß und Wissen, ein schlechter Redner und ein Idiot in der Philosophie sei ...«

Im Herbst 1793 wird Hegel Hauslehrer auf dem Landgut Tschugg bei Bern. Er hat keine andere Wahl gehabt und muß das Beste aus seiner Situation machen. Hegel gibt sich Mühe: Er ist ein ordentlicher, schwer in Begeisterung zu versetzender Lehrer; die Umstände, unter denen er zu arbeiten hat, tun ein Übriges, um seinen inneren Enthusiasmus klein zu halten. Was ihm Freude bereitet, sind nicht seine beiden Schüler, sondern die üppig ausgestattete Bibliothek des Hausherrn, in der er, wenn es die Dienstzeiten gestatten, auch seinen privaten Studien nachgehen darf. So wird Hegel zu einem Leser, der sich, eher unsystematisch, ein Wissen anliest, aus dem er mehr machen will, als es das Hauslehrer-Dasein erlaubt. In Gedanken, die ihm eine ständige Einübung in seine noch ausstehende Selbstfindung vorspielen, hat er inzwischen eine Annäherung an die Philosophie vollzogen, der er in Tübingen noch recht leidenschaftslos begegnet ist. Er sucht nach einer Wahrheit, die sich im Spannungsfeld jenes philosophischen Denkens ergibt, das die damalige Diskussion beherrscht. Geprägt ist dieses Denken von unterschiedlichen Versuchen, aus der Nachfolge des großen Immanuel Kant herauszutreten und eine eigenständige, Natur und Geist gleichermaßen beanspruchende Position zu beziehen. Der berühmteste der regierenden Philosophen ist Johann Gottlieb Fichte, ein hochfahrender, menschlich nicht unumstrittener Mann, der sich müht, alle Geistesanstrengungen im Ich zu konzentrieren, das sich unter seinen Überlegungen erst einduckt, dann immer großformatiger wird und schließlich, gegen die ursprünglichen Absichten des Erfinders, zur ideellen Regulierungsbehörde mit umfassendem Kompetenzanspruch aufsteigt. Der Natur, an sich ja geeignet, jedem Ich vorgezogen, vorweggedacht zu werden, vermag Fichte nicht viel abzugewinnen; für sie sind andere, wie etwa Schelling zuständig: Er, der noch immer als Wunderkind gilt, tritt an, den Geist mit der Natur zu versöhnen. Sein *System des transzendentalen Idealismus* zeigt bereits jene Eigenarten, die Schellings Philosophieren ein Leben lang auszeichnen: Es verweigert sich durchgängiger Klarheit, läßt pointierte Einsichten aus dem Rätselhaften erwachsen, schottet das Wahre ab gegen die Beglaubigung durch Unbefugte. Hegel bewundert Schelling, der dabei ist, eine von der Öffentlichkeit mit Beifall begleitete Karriere zu machen. Seine Bewunderung, die ehrlich gemeint ist, läßt er in einen schmeichlerischen Brief einfließen, den er Ende August 1795 an Schelling schreibt: »Du hast schweigend Dein Werk in die unendliche Zeit geworfen: hie und da angegrinst zu werden, das, weiß ich, verachtest Du ... Dein System wird das Schicksal aller Systeme derjenigen Männer haben, deren Geist dem Glauben ihrer Zeit vorausgeeilt ist ... Es fällt mir hierbei ein Urteil ein, das vorigen Sommer ein Repetent von Dir fällte; er sagte mir, Du seiest nur zu aufgeklärt für dieses Jahrhundert, im nächsten werden Deine Grundsätze an ihrem Platze sein ... Bemerkungen über Deine Schrift kannst Du von mir nicht erwarten. Ich bin nur ein Lehrling ... Was ich Dir schreiben könnte, wäre, Dir meine Freude über den freiern Geist der höhern Kritik, der darin webt, zu bezeugen, der, wie ich nicht anders erwartete, unbestochen von der Ehrwürdigkeit der Namen, das Ganze vor Augen hat und nicht Worte für heilig hält, – und Dir über Deinen Scharfsinn und Gelehrsamkeit Komplimente zu machen ... – Von meinen Arbeiten ist nicht der Mühe wert zu reden; vielleicht schicke ich Dir in einiger Zeit den Plan von etwas zu, das ich auszuarbeiten gedenke ... Lebe wohl, antworte mir bald! Du kannst nicht glauben, wie wohl es mir tut, in meiner Einsamkeit von Dir und meinen andern Freunden von Zeit zu Zeit etwas zu hören.«

Die Einsamkeit des Lehrlings auf dem Wege zur Philosophie: Hegel hat seine Gründe, ein solches Bild für sich in Anspruch zu nehmen. Zum einen ist er ja, was sich auch gar nicht leugnen läßt, tatsächlich isoliert, abgeschnitten von den Diskussionszentren, die er kennt, und angewiesen auf einen regen brieflichen Gedankenaustausch; zum andern darf er sich, gemessen an den Fortschritten seiner ehemaligen Kommilitonen, über die man schöne Gerüchte in Umlauf hält, getrost wie ein Anfänger im Geiste vorkommen, dessen tastende Versuche zwar löblich sein mögen, zum jetzigen Zeitpunkt aber nicht erwähnenswert sind. Hegel, der noch keine imposante Zukunft für sich sieht, verklärt die Vergangenheit: Immer wieder appelliert er an die Tübinger Zeit, an die Hoffnungen und Träume, die sie mit sich gebracht hat; er haust sich in seine Erinnerungen ein, als gelte es, sie in Schutz zu nehmen vor den Anfeindungen einer gleichbleibend freudlosen Gegenwart.

7

Als Hegel fünfzehn ist, beginnt er mit einem Tagebuch. Wer es liest, bemerkt einen unangenehmen Ton, hier macht sich jemand wichtig, der noch gar nicht wichtig sein kann. Der Schüler Hegel, verrät sein Tagebuch, ist strebsam, er schludert nicht, schlägt nicht über die Stränge, dem Wissen fußelt er pflichtgemäß hinterher. Man sollte ein solches Dokument nicht überbewerten und auch nicht auf hintergründige, den geheimen Widerstand andeutende Tendenzen abklopfen; zu jedem Zeitpunkt schreibt man nur so, wie man schreiben kann. Der Geist, den Hegel erst später, fast schon zu spät, aus der Flasche läßt, blüht gern im Verborgenen; er gibt sich zu erkennen, wenn es an der Zeit ist und er in die Gedanken gefaßt wird, die ihm entsprechen. Das Tagebuch beginnt am 26. Juni 1785, einem Sonntag: »In der Morgenkirch predigte Herr Stiftsprediger Regier. Er verlas die Augsburger Confession und zwar zuerst den Eingang in dieselbe; dann wurde gepredigt. Wenn ich auch sonst nichts behalten hätte, so wäre doch meine historische Kenntniß vermehrt worden. Ich lernte nämlich, daß den 25. Juni 1530 die Augsburgische Confession überreicht wurde, daß 1535 den 2. Februar Würtemberg reformirt und 1599 durch den Prager Vertrag die evangelische Religion bestätigt wurde. Den Namen Protestanten erhielten sie von der Protestation gegen den harten Reichsschluß zu Speier 1529. Noch fällt mir ein, daß Luther 1546 den 18. Februar starb und daß der Churfürst von Sachsen, Johann der Weise, 1547 den 24. April total geschlagen und gefangen wurde.« Hegel gehört auf dem Gymnasium zu den jeweiligen Klassenbesten, eine Stellung, die er mit Fleiß besetzt, die er aber nicht immer halten kann; auch er leidet gelegentlich unter schwächerer Tagesform, was aber im Tagebuch, das war er sich schuldig, keinen Vermerk findet. Dafür erwähnt er, mit wohligem Erschauern, wenn es Strafen setzt, die andere treffen; fast könnte man meinen, da sei Schadenfreude mit im Spiel, vielleicht auch Neid, daß es bei ihm (noch) nicht zum Gesetzesbrecher langt. »Montags den 27. Juni … Es war heute Convent. Im Gymnasium kommen nämlich alle Monat die Herren Professoren zusammen, deliberiren über die Angelegenheiten, welche die 6te und 7te Classe betreffen und bestrafen zugleich die Übertreter der Gymnasialgesetze. Die Primi als Capita repraesentativa der Promotion, wie uns Herr Rector nannte, mußten erscheinen. Es waren dies aus der siebenten Classe: Cammerer, Proveteranus, Sohn eines Hofmedicus; Duttenhofer, Veteranus primus, Sohn eines Wildhändlers, Specialissimus; Vischer, Novitius primus, Sohn eines Rentkammersecretairs; aus der sechsten Classe: Boger, Veteranus primus, Sohn eines Obristlieutenant; Hegel, Novitius primus.

Man stellte uns weiter nichts vor, als daß man uns ernstlich ermahnte, unsere Cameraden zu warnen, sich nicht in elende liederliche Spiel- und andere Gesellschaften einzulassen. Es hat sich nämlich eine Gesellschaft von jungen Leuten männlichen Geschlechts von 16-17, weiblichen von 11-12 Jahren gezeigt. Sie ist unter dem Namen Doggengesellschaft, Lappländer usw. bekannt. Die Herren führen da die Jungfern spazieren und verderben sich und die Zeit heilloser Weise.«

In heilloser Weise verbringt Hegel seine Tage nicht, von den Nächten ganz zu schweigen; er nähert sich dem Verruchten über das Hörensagen, das allerdings, ähnlich wie die Phantasie, den spannenderen Kitzel bietet als eine nach Bedarf und Gesetz geglättete Wirklichkeit. Was ihm früh dämmert, ist die Vorstufe jenes am Gegensätzlichen hängenden Erkenntnisvermögens, das später, in einzelne Auffassungs- und Bestimmungsschritte zerlegt, als Dialektik bezeichnet wird. Ihr, der Dialektik, gilt Hegel als Meister, zumindest hat ihn ein einstmals recht erfolgreicher, dann jäh und schmählich scheiternder dialektischer Materialismus dazu erklärt. Dialektik ist das an sich vergnügliche Vermögen des Geistes, die unterschiedlichen Ansichtssachen des Denkens, das ja beständig durch zu viele Köpfe streichen muß, wobei es Schaden nehmen kann, so zu bündeln und zu vereinheitlichen, daß sich ein Schema darin erkennen läßt, ein Passpartout der Erkenntnis, mit dem man in allen möglichen Türen herumstochern kann, ohne daß gleich nach dem Hausmeister gerufen werden müßte. Ein jeder denkt und redet, wie er's versteht; das ist die krause, aber unverzichtbare Grundform dialektischer Wirklichkeitsermächtigung:

»Dienstag den 28. Juni. Ich machte die Bemerkung, was für verschiedene Eindrücke einerlei Gegenstände auf verschiedene Personen machen können. Man erzählte nämlich, eine bekannte Frau sei glücklich niedergekommen. Mein Vater, als ein ehemaliger Ehemann, freute sich herzlich darüber. J.B. als eine erwachsene Weibsperson, die dergleichen Vorfällen schon beigewohnt hatte, noch mehr und sagte dabei, es sei doch keine größere Freude, als wenn eine Frau eine glückliche Niederkunft habe. Aber zur gleichen Zeit wurde ein schönes Pferd vorbeigeritten. B. und ich standen an den Fenstern. B., ohngefähr 21 Jahre alt, ein Mannsbild, fragte gleich, wem es gehöre, während man jene fröhliche Nachricht brachte, die er mehr mit Gleichgültigkeit hörte. Ich sprang zu ihm, nicht sonderlich durch die glückliche Niederkunft gerührt, und gab ihm Beifall, daß das ein recht schönes Pferd sei …« Pferd oder Frau, ein Erdenbürger mehr oder weniger, es ist einerlei, wenn man auf dem Standpunkt der Anschauung stehenbleibt und sein Denken, das diesen Namen noch nicht verdient, schweifen läßt; diesen Standpunkt will Hegel überwinden, später, als er sich klar macht, daß es zwar die freie Wahl der Gedanken gibt, aber für den Preis des Denkens kein uneingeschränktes Niederlassungsrecht gilt; es könnte sonst nicht sachgemäß, nicht geordnet, nicht innig auf sich gerichtet arbeiten. Was dem Denken in die Quere kommen kann, ist nicht nur das Undurchschaute, sein dunkler Grund, sondern auch das Ereignishafte, das am härtesten, am unvermitteltsten zulangt als Tod; der Tod mäht, wo er will, scheut heimliche Komik nicht, hat einen Nachhall hoch vom Turme:

»Samstag den 16. Juli. Es starb heute Herr Stadtschreiber Kläpfel, da man ihn schon auf dem Rückweg zur Genesung glaubte.

Dienstag den 19. Juli. Eben so starb heute Herr Regierungsrath und Geheimer Cabinets-Secretair Schmidlin an einem Schlage, wie er den Löffel zum Essen in die Hand nehmen wollte. Leypold, ein guter Freund von mir, ist einer seiner Enkel.

Donnerstag den 21. Juli. Ich ging mit Herrn Cloß spazieren. Wie wir über den Graben gingen, läutete man die große Glocke zum Begräbniß des Herrn Reg. R. Schmidlin's. Zugleich fing man an, mit Posaunen von dem Stadtthurm – moles propinqua nubibus arduis – Trauer zu blasen. Der dumpfe, feierliche, langsame Ton der Glocke und der traurige Schall der Posaunen machten einen solch erhabenen Eindruck auf mich, den ich nicht beschreiben kann, indem ich zugleich manchmal von weitem die Kutschen sah und an die Klagen der Hinterlassenen dachte.«

Hegel ist inzwischen selbst ein Hinterlassener: 1784 war die Mutter gestorben, es schien fast, als hätte sie sich, nachdem alle Familienmitglieder an der Gallenruhr erkrankt waren, liebevoll vorgedrängt und den Tod für die Ihren auf sich genommen, die danach auch wieder auf die Beine kamen. Die Mutter zu verlieren ist für Hegel ein Schlag; zuvor hat er den Tod nur bei anderen ein- und ausgehen sehen, das gewöhnliche Treiben, dem man damals weniger Bedeutung zumißt, als man heute glauben möchte. Erst wenn man es gelernt hat, gegen den Tod anzugehen, ihm mit den Mitteln von Medizin und Wissenschaft auf den Leib zu rücken, den kein Lebender je gesehen hat, macht man sich Gedanken darüber, wann und warum das uns beschiedene Ende so und nicht anders erfolgt, ein haltloses Grübeln, das auch auf gesteigertem Niveau keine vorzeigbaren Erträge bringt.

Ein Jahr vor seinem Schulabschluß referiert Hegel noch einmal den Gesamtstand der Dinge; das Porträt des jungen Mannes als Ordnungshüter, dem allmählich ein paar andere Ablenkungen zuteil werden:

»Am 1. Januar 1787. Gegenwärtig bin ich das erste Jahr in der siebenten Classe des hiesigen Gymnasiums. Mein Hauptaugenmerk sind noch immer die Sprachen und zwar wirklich die Griechische und Lateinische. Daneben arbeite ich zuweilen etwas in der Mathematik … Einige Zeit wende ich auch auf Ausarbeitung kleiner Aufsätze und Niederschreibung meiner Gedanken.

Sonntags arbeite ich meist in der sphärischen Trigono-
metrie und zum Theil widme ich ihn guten Freunden …
Allein ich wurde durch Visiten, die zu Neujahr Glück
wünschten, bald unterbrochen und nachher mußte ich
in gleichen Angelegenheiten ausgehen. Den Nachmittag
wollte ich nur einiges in Sophiens Reise lesen, ich konnte
mich aber nimmer davon losreißen bis an den Abend, wo
ich in das Concert ging. Es ist nämlich gewöhnlich, daß
alle Neujahr Deputirte von Eßlingen dem Herzog unter
dem Titel Schutzgeld 100 Ducaten überreichen, worauf
denn allemal in der Akademie ein Concert veranstaltet
wird. Von diesem konnte man zwar wegen dem Getöse
der vielen Zuhörer wenig hören, allein die Zeit wurde
mir doch sehr angenehm verkürzt, indem ich da gute
Freunde sprach, die ich schon lange nimmer gesehen
hatte. Das Anschauen schöner Mädchen trug zu unserer
Unterhaltung auch nicht wenig bei.«

8

Die Nacht, immer wieder die Nacht. Als er erwachte, wußte er nicht, daß er geschlafen hatte. Und wo, hier im Sessel, im Bett gar, wie sich's eigentlich gehörte, oder im Stehen, an das Bücherregal gelehnt, das Rotweinglas abgründig leuchtend im Halbdunkel des Raumes. Wer der Nacht verfällt und nichts mehr weiß, hat beträchtliche Mühen, sich zu finden; es kann kaum gelingen. Zwei Glockenschläge, nur zwei, aus der Tiefe der Stadt brachten ihm erste Erinnerungen zurück. An sich selbst. Er war der Professor Hegel, der Philosoph, der das Denken der Welt in sich eingeholt und zur Vorratshaltung in seinem Kopf überredet hatte; kein friedfertiger Prozeß war das gewesen, keine Diskussionsrunde, keine säuselnde, wortreiche Einrede, sondern ein Zugriff unter Androhung von Gewalt. In einer Nacht, seiner Nacht, geschah es, der Wind rauschte wie sein Blut, sein Kopf, unvorbereitet für derartige Aktionen und, dachte er später, von seinem Fassungsvermögen auch gar nicht geeignet, zum Speicher des sich versammelnden Wissens zu werden, glühte wie die alte Sonne, die eines fernen, nicht mehr erlebbaren Tages, wenn sich jegliche Gewißheit wieder erledigt hatte, den letzten Menschen nachsterben würde. Hegel; sein Mann für alle Fälle. Zusammengesunken hockte er im Sessel, fühlte sich wie ein altkluges Kind. Die Erinnerungen kehrten zurück, sie sprechen eine eigene Sprache. Für den Menschen sind sie, sagt man, unverzichtbar. Nur wer sich erinnert, bleibt im Bannkreis des Verständigen, erfreut sich der Berechenbarkeit, die, bedingt, auch den andern zu unterstellen ist. An der Berechenbarkeit hängt und krankt die Gesellschaft. Und doch kann die Erinnerung keine Maßarbeit herstellen, sie unterwandert die Echtzeit, fertigt Kunsthandwerk an, das im Überraschungspaket angeliefert wird; für neugierige Besucher bleibt ihre Werkstatt durchgehend geschlossen. Seine Erinnerung stand; mit einem Mal. Kein Versuchsgelände, kein Dickicht, kein Spiegelbild der trügerischen Bilder. Nein, sie stand – fest; von jetzt an ließ sie sich abrufen, ging brav die Wege, die ihr gewiesen wurden. Die späte Nacht seiner Erinnerung, nun nahm sie das Licht an, das Arbeitslicht seines Lebens.

Der Herbst macht Quartier, die Wälder in müder, noch einmal hergerichteter Pracht. Fern die Alb am Rande des Himmels. Der Neckar glänzt, als müsse er dem Licht, oberflächlich, mehr zurückgeben, als er von ihm bekommt. Im Halbschatten, unter den übers Wasser ausgreifenden Weiden am Ufer, die jenen Bezirk abschirmen, der das Terrain der Liebenden ist, die dort noch heute in ihren dümpelnden Nachen warten, zieht sich eine Spur aus Öl. Erwartungsfroh kam der junge Hegel nach Tübingen, wollte endlich erwachsen werden. Dabei sah er ja bereits älter aus, als er war, das hatte man ihm schon öfter gesagt. Er freute sich darüber; wer keine übertrieben frohe Jugend gehabt hat, muß sich nicht um jugendliches Aussehen sorgen. Manchmal, wenn er, die Augen noch schlaftrunken, am Morgen in den Spiegel schaute, erblickte er einen rechtzeitig gealterten Fremden. Grämlich spähte er aus dem Glas, die Stirn in Falten gelegt, die Haare darüber wie ein verlassenes Nest. Er roch streng nach der Nacht; Jahre später, wenn er zuviel abberief oder umschichtete in der Vorratshaltung seiner Gedanken, hielt das tagsüber noch an. Seine Frau störte es nicht, ihn auch nicht. Die Zeit ist begrenzt, zumindest im wahren Leben, nur in der Philosophie kann man sie aufrüsten zur Ewigkeit. Und weil die Zeit so begrenzt ist, sollte man sie nutzen nach den sinnigsten Zwecken, der erfüllte Augenblick kann nicht der sein, den man frierend und schreckhaft beim Waschen mit eiskaltem Wasser verbringt. Im Tübinger Stift, wo der Student Georg Wilhelm Friedrich Hegel wohnt, der möglichst schnell und endgültig erwachsen werden will, reinigt man sich im Rudel mit eisigem Wasser. Eisig war das Wasser auch im Sommer, der ansonsten den Tübingern gern brütende Hitze brachte; die Luft stand dann überm Tal wie eine Abzugshaube, aus der nichts abzieht, es riecht nach Moder und Darm. Er sieht die jungen Männer im Waschraum. Anfangs noch scheu, schließlich kennen sie einander nicht, schon gar nicht in spärlich bekleidetem Zustand. Ihre Scheu verlieren sie am Wasser, es kommt über sie ohne Vorwarnung, wie die Schrecknisse, die sie allenfalls aus Büchern kennen. Der alte Hegel, der im Sessel, hat jetzt ein Lächeln im Gesicht, jegliche Scheu ist überwunden, und so war es ja auch, eine späte, nicht: zu späte Jugend, die sich nach außen der Ordnung ergab, ihre Flucht aber auf jenes weite Feld legte, das die Freiheit verbürgt. Schon am zweiten Tag kannten sie sich, die Namen waren kein Schall mehr und kein Rauch, der stattdessen von draußen hereinstreicht, es roch brenzlig in den Gassen; die Bauern vor den Toren der Stadt brannten ihre Felder ab. Einmal war er hinausgeritten, die Dämmerung zog schon auf, ein feuriger Himmel, rot gewirkt, davor die Rauchwolken, die nicht recht aufsteigen wollen. Er steigt vom Pferd ab, einer der Bauern bietet ihm ein Glas Most an. Er dankt und trinkt, Funkenflug streift seine Wange. Die Luft zittert über den Flammen. So geht es zu in der dem Menschen überlassenen Natur, es genügt ihm nicht. Sein Gaul scharrt mit den Hufen, schüttelt den Kopf, wiehert. Er will heim, denkt Hegel. Auf dem Rückweg geht ihm ein einfältiges Lied durch den Kopf, es hat keine Worte, nur eine schlichte, zu Herzen gehende Melodie. Das Lied von der Heimkehr. Hegel ist kein guter Reiter, da kommt es ihm gelegen, dass sein Gaul ein guter Gaul ist, sehr langsam,

behäbig, ein zuckelndes Tier, das der Schonung bedarf.
Zurück in Tübingen schaut er sich noch einmal um, hoch
zu Roß: Der Himmel, bis eben noch feuerrot, überzieht
sich mit tiefem Blau, aber das Rot will nicht weichen,
unbewegt steht es zur Ferne. Ausgehängt zur gefälligen
Betrachtung sind die Sterne, vergangene Lichter; sie sagen ihm nichts. In diesen Tagen und Nächten, da er zwar
schon alt aussieht, wie man meint, aber in Wirklichkeit
doch beträchtlich jung ist, ein verhaltener Kraftprotz mit
nicht sehr ausgeprägtem Bewegungsdrang, fühlt er sich
seltsam geborgen. Ist nicht alles so, wie es sein soll, auf
ruhigem, gefestigten Stand, eine Ordnung von Anfang
an, sicher geglaubt, gefügt und eingerichtet nach unbe-
kanntem Vorbild, nach einem Plan, der kein Plan war,
zumindest keiner, der im Menschenkopf entstehen oder
dort sogar archiviert werden könnte, so wie auch die uranfängliche Ordnung nichts mit den Menschengeschäf-
ten zu tun hat, dem Kommerz, dem Geldhorten, nichts
mit den Machenschaften der Machthaber. Mit denen
schon gar nicht. Die uranfängliche Ordnung war gut, sie
verdankt sich dem Wort. Alle Klein- und Kleinstordnun-
gen aber, die nach ihr kamen, sind nach Heimwerkerart
entstanden, sie verrotten in ihrem Kunstglanz aus Gold.
An diesem Abend bekommt Hegel einen Verweis, zum
dritten Mal innerhalb von zwei Wochen ist er zu spät
gekommen. Seine Kommilitonen haben bereits gegessen,
er hat also nichts verpaßt. Das Essen nämlich ist ärmlich,

noch ärmlicher der Tischwein, ein lausiges, essigartiges Gesöff, das man in der Absicht verabreicht, die jungen Männer zu Abstinenzlern zu machen. Er, Hegel, wird kein Abstinenzler werden, das kann er und will er nicht. Alle wirklich edlen Getränke, außer dem unverzichtbaren Quellwasser, haben Alkohol in sich; er weiß es zu schätzen, besonders wenn die Stunde vorgerückt ist. Ebenda, zu vorgerückter Stunde, als er sich aus seinem Geheimfläschchen für stete Notfälle bedient hat und langsam wieder einen angenehmen Geschmack im Mund bekommt, gibt der Abend auf. Die Sterne sind verschwunden, schwarze Nacht nur, verhängter Himmel, es grollt aus dem Tal. Dann zucken die Blitze, vor denen er Angst hat, schon immer. Sie schlagen ein, wo sie wollen, dringen sogar durch geschlossene Lider. Jeder Blitz gibt ihm einen Stich ins Herz, er mag die Heimtücke nicht dieses grellen, zur Waffe gebündelten Lichts. Als Kind hat er einmal gesehen, wie der Blitz eine Kirchturmspitze wegschlug, sie krachte zu Boden, und aus Gottes Haus stieg eine Flamme, die der Herr mit Regen löschte, bevor die Feuerwehr anrückte. Vielleicht hat es mit den Blitzen zu tun, ihrer Willkür, daß er die Natur, insgesamt, nicht mag. Sie ist von sich aus da, schert sich nicht um die ihr auferlegten Gesetze. Als das Gewitter abzieht in dieser Nacht, schläft er ein. Obwohl das Schnarchen der Kommilitonen den verebbenden Donner übertönt, ist es im Schlafsaal wunderbar ruhig; die feindliche Natur streckt ihre Waffen, wenn man kein Aufhebens von ihr macht. Er träumt in der Nacht, ein Traum wie geschaffen zum Vergessen. Die Morgendämmerung war gekommen, im Traum ist sie noch schöner, noch behutsamer. Er hatte sich davongeschlichen, die Studenten ließ er zurück, sie lagen im Saal wie aufgebahrt. Kein Schnarchen mehr, kein Seufzen, es war totenstill. Nicht mal seine Schritte knarrten auf den Holzdielen, die Türen ließen sich geräuschlos öffnen. Er trat hinaus ins Freie, es würde wieder warm werden; Dunst hing über dem Neckar, und die blauen Berge sah man wie durch milchiges Glas. Der Regen dampfte aus nächtlichen Pfützen. Jetzt hatten ihn die Geräusche wieder, er hörte, was zu hören war. Die Vögel, verschreckt noch von der Gewitternacht, begannen zögernd mit dem Tagesgeschäft. Später, wenn sie sich gesammelt und hergerichtet hatten, würden sie wieder in den Bäumen brüllen oder im Steilflug durch enge Gassen schießen. Als er hinunter zum Fluß ging, strich ihm eine schwarze Katze um die Beine. »Weg!« sagte er leise, sie folgte aufs Wort, trieb sich in seiner Nähe herum, als er sich auf eine Bank am Ufer setzte. Nass war die Bank, das Wasser stand in kleinen Lachen auf dem rissigen Holz. Ein lustvolles Gefühl, wie das lauwarme Wasser durch den Hosenboden eindrang, für einen Moment dachte er, die Mutter würde ihn wieder säubern und wickeln. Aber dem war ja nicht so, wie auch, ein Bild, eine Erinnerung, auf den Weg gebracht in geheimnisvoller Zustellung, kommt und geht nur – in Gedanken. Da saß er, saß wie auf Wasser, die Sonne stieg in den frei werdenden Himmel auf, der Dunst zog sich zurück, und er, der auf Wasser saß, hatte alles im Kopf, die Nachbildungen des Wirklichen, sich selbst. Wenn man alles real nimmt, wußte er, kann man sein Genügen finden; das Wissen verliert sich, vorzugsweise im Alltag, kein Begriff geht in dem Gegenstand auf, den er meint. Er hätte, bei soviel genügsamem Glück, das er in diesem Augenblick empfand, ein Fläschchen Roten leeren mögen, am frühen Morgen; da kannte er nichts, man muß die Feste des Denkens feiern, wie sie fallen. Am Ende aber lief es darauf hinaus, daß alles nur eine Vorbereitung war, eine Folge von Feierstunden, bis es zur endgültigen, der ganz großen Feier kam. Sie würde um ihrer selbst willen da sein, Ankunft und Abschied, Heimkehr im Denken. Er wollte dabei sein; in verantwortlicher Position. Alle Würde, alle Verantwortung, die er sich ausmalen konnte, legte er in diesen Moment der Gewißheit, der ihm verging, als er aufstand, da gab es nämlich ein unanständiges Geräusch, eine wässrige Blähung. Als er am Ufer zum Stift zurückging, zogen zwei Schwäne neben ihm her, sie würdigten ihn keines Blickes. Er mochte keine Schwäne, sie sind so entbehrlich wie Gewitter und fader Tischwein. Bevor er die Steintreppe zur Stadt aufstieg, hatte ihn die schwarze Katze wieder erreicht, diesmal kam sie von links, er gab ihr einen Fußtritt. Danach fühlte er sich – noch besser.

9

Hegel hat schon den Sommer gespürt, die auftreibende und hinreichende Wärme, als er nach Tübingen kommt, an das er sich in Bern, das er »eine kalte Stadt« nennt, besonders gern und immer ein wenig überzogen erinnert. Sein Studium beginnt er mit dem Wintersemester 1788/89. Er geht als herzoglicher Stipendiat an das Tübinger Stift, das heute, auf Grund der Geistesgeschichte, wie man sie sich zurechtgelegt hat, im besonderen aber wegen einer Jungmännerfreundschaft, die unter den Geniekult fällt, berühmter ist als damals. Den Schauplatz des Geschehens kann man sich etwa so vorstellen: »Am Fuße der rebenumgürteten Höhe, welche die alte Feste Hohentübingen trägt, hart an der Neckarhalde, welche der letzten Stufe des Berges entlang sich hinzieht, in dem Raume zwischen Berg und Fluß hatten einst Augustinermönche ihr Kloster gebaut, auf schöner Stelle gewiß: drunten vor der Mauer des Klostergartens der rasch hingleitende Fluß mit seinen Uferweiden, talaufwärts die grünen Wiesengründe, von dem schöngeformten Vorsprung des Spitzbergs abgeschlossen, talab die hell-schimmernde Straßenzeile mit der Stadtmauer davor bis

zur steinernen Neckarbrücke und dem bekrönenden Oe-
sterberg, genügen aber, in breiter Fläche sich öffnend, das
Steinlachtal und dahinter über den waldigen Kuppen der
näheren Höhen die duftigen Ketten der Alb und besonders hervortretend die freundliche Form des Berges, den
die Salmendinger Kapelle ziert. – Das alte Kloster hatte
zwei parallele Flügel, durch einen Kreuzgang verbunden:
der hintere, an den Berg gelehnt, aber durch einen tiefen
Graben von der höher liegenden Gasse getrennt, enthielt
die Kirche, mit dem Chor gen Morgen gewendet, der
andere mit dem Refektorium und den Zellen darüber,
zog sich den Neckar entlang. So war der Bau beschaffen,
als er das Stipendium aufnahm.«

Die Universität Tübingen gilt seiner Zeit nicht als her-
ausragend, warum auch; sie hat die Aufgabe, dem Herzog
von Württemberg ergebenen akademischen Nachwuchs
zuzuführen, Lehrer, Pfarrer, Ärzte, Juristen, die sich nicht
mehr Gedanken machen als nötig. Hegel soll Theologe
werden, das ist ein ordentlicher Beruf, bei dem der al-
leroberste Dienstherr, der Herr Gott, der dem Namen
nach noch über dem Herzog steht, sich erfreulicherweise
immer zurückgehalten hat; er redet seinen Leuten, den
Theologen, nicht hinein, auch nicht seiner Behörde, der
Kirche, die deswegen mit Gott recht freizügig umgehen
kann, was aber nicht weiter auffällt, denn die Freizügigkeit
wird von Verehrungs- und Deutungsvorschriften, von
Verständnishilfen und Mutmaßungen umkleidet, so daß

sie als solche nicht mehr zu erkennen ist. Hegel will nicht unbedingt Theologe werden, aber etwas Besseres weiß er noch nicht. So tut er, was zu tun ist, er fügt sich einer humorlosen Anstaltsordnung, die vor allem auf Übertretungen aus ist. Mit denen kann man schon frühmorgens beginnen, man muß nur zu spät aufstehen. Auch wer beim gemeinsamen Gebet fehlt, wird im Strafbuch vermerkt. Hegel kommt des öfteren zu spät, nicht nur morgens; als er einmal zwei Stunden länger unterwegs ist als erlaubt, soll er zur Entschuldigung gesagt haben: »Mein Rößlein ist unterwegs schadhaft geworden.« Das klingt eigentlich recht lustig, obwohl seine Aufsichtsperson, der Ephorus, die Ausrede nicht lustig findet und die verspätete Heimkehr mit zwei Stunden Karzer ahndet. Im Kreise der Kommilitonen ist Hegel denn auch zunächst einmal wegen seines leicht abgründigen Humors geschätzt gewesen, weniger weil man ihm herausragende Geistesgaben zusprechen konnte. Die hat er damals oder hat sie nicht; auf jeden Fall vermeidet er es, sie vorzuzeigen. Man kann dies, rückblickend, als eine geheime Vorsichtsmaßnahme deuten, als ein Gedankenmanöver der uneinsichtigen Art; einsichtig wird man erst später – wenn es an der Zeit ist und die Nacht wartet. Manchmal hat er in Bern das Gefühl, daß alles schon Jahrzehnte zurückliegt; ist er nicht rasend schnell alt geworden, ein Fels in der Brandung, der nicht mehr stehen und warten, sondern schmeichelnd umspielt werden will. Manchmal, wenn er eines der Bücher aus der Bibliothek seines Dienstherrn sinken läßt, so als fehlte ihm bereits jegliche Kraft, und er merkwürdig verloren ins Freie hinausstarrt, ist es, als rührte ihn eine Gewißheit an, ein Zuspruch, so sanft wie der Sommerwind. Damals. Es kann ja – noch gar nicht lang her sein.

Im Januar 1796 schreibt ihm Schelling aus Stuttgart. Er ist vielbeschäftigt und inzwischen, nicht ohne Grund, von seiner Wichtigkeit überzeugt. So geht er denn eher gelangweilt auf Hegels persönliche Mitteilungen ein; er sieht sich lieber als junger, hochbegabter Chefkonstrukteur der neuen Philosophie, dem alsbald andere, nicht ganz so begabte Mitstreiter folgen mögen: »Gewiß, lieber Freund, bist Du nicht untätig gewesen. Hast Du von Deinem Plane indes nichts ausgeführt? Ich wartete immer, etwas von den Resultaten Deiner Untersuchungen irgendwo zu finden. Oder hast Du etwas Größeres unter der Hand, das Zeit fordert und womit Du Deine Freunde auf einmal überraschen willst? In der Tat, ich glaube von Dir fordern zu dürfen, daß Du Dich auch öffentlich an die gute Sache anschließest. Sie hat mehr Freunde und Verteidiger, als ich zu hoffen wagte. Es kommt darauf an, daß junge Männer, entschieden, alles zu wagen und zu unternehmen, sich vereinigen, um von verschiednen Seiten her dasselbe Werk zu betreiben, nicht auf einem, sondern auf verschiednen Wegen dem Ziel entgegenzugehen … Es wird mir alles zu enge hier – in unsrem Pfaffen- und Schreiberland. Wie froh will ich sein, wenn ich einmal freiere Lüfte atme. Erst dann ist es mir vergönnt, an Pläne ausgebreiteter Tätigkeit zu denken, wenn ich sie ausführen kann, und auf Dich, Freund – auf Dich darf ich gewiß dabei rechnen?«

Die freiere Luft, von der Schelling spricht, bekommt erst einmal Hegel zu atmen. Es ist allerdings nicht der von vielen Intellektuellen herbeigesehnte neue Geist, der ihm entgegenweht, sondern klare Bergluft: Im Sommer 1796 unternimmt Hegel zusammen mit drei anderen, aus Sachsen stammenden Hauslehrern eine vierzehntägige Wanderung durch die Berner Ostalpen. Für seine Begleiter gilt dieser Marsch durch eine höchst eindrucksvolle Landschaft als eine Art Urlaub; Hegel indes muß sich förmlich zwingen, an der Wanderung teilzunehmen. Er hat zur Natur keine Beziehung; der Naturschwärmerei, die in jenen Tagen immer mehr in Mode kommt, kann er nicht viel abgewinnen. Dennoch führt er ein Reisetagebuch, das seine Eindrücke festhält. Hegel gibt sich Mühe, in Begeisterung zu geraten, aber das will nicht recht gelingen. Er ahnt noch nicht, daß die widerstreitenden Überlegungen, die in ihm kreisen, bereits einen stillen Erkenntnisprozeß in Gang gesetzt haben, aus dem ihm dann, eher beiläufig, eine Einsicht zufällt, die so zwingend wird, daß sie sich zur geheimtreibenden Kraft für sein Philosophieren aufwerfen kann.

Die Wanderung der vier jungen Männer führt zunächst vom Thuner See aus in Richtung Grindelwald.

Hegel befindet sich nun im Gebirge; er notiert unter dem Datum des 25. Juli: »Von hier hat die Natur für einen Bewohner ebener Gegenden ein völlig verändertes Ansehen. Er befindet sich immer zwischen hohen, zum Teil grünen Bergen, und in der Ferne zeigen sich ihm die Spitzen von Schneebergen. Die Täler sind ganz eng, hier aus fetten Wiesen bestehend, die mit unzähligen Obst-, besonders Nuß- und Kirschbäumen besät sind und immer einen erfrischenden, anmutigen, ländlichen Anblick darbieten. Aber die Enge der Täler, wo ihm durch die Berge alle ferne Aussicht benommen wird, hat etwas Einengendes, Beängstigendes für ihn. Er sehnt sich immer nach Erweiterung, nach Ausdehnung, und sein Blick stößt immer an Felsen an.« Tags darauf erreichen die Wanderer eine Aussichtsstelle, an der sich auch heute noch staunende Touristen versammeln. Von einer Anhöhe aus schauen sie auf Jungfrau, Mönch und Eiger, das berühmte Dreigestirn der Berner Alpen. Hegel, erschöpft von elendig langen Anstiegen, ist kein bißchen beeindruckt, im Gegenteil: »So nahe wir uns diesen Gebirgen befanden, und ungeachtet wir sie von ihrem Fuße bis zu ihrer Spitze übersahen, so machten sie doch schlechterdings nicht den Eindruck, erregten nicht das Gefühl von Größe und Erhabenheit, wie wir erwartet hatten. Nur dann schwindelt man beim Anblick einer Höhe, wenn man sich ganz am Fuße einer senkrechten Wand befindet, wie unter einem Kirchturm, und jetzt den Blick in die Höhe richtet … Derjenige, der nicht gewohnt ist, die Höhe dieser Berge und die Entfernungen derselben zu schätzen, betrügt sich unaufhörlich, und erst durch die Erfahrung findet er, daß er zur Ersteigung einer Höhe, auf der er in einer Viertelstunde sein zu können glaubte, oft mehrere Stunden gebraucht.« Auch die Gletscher vermögen ihn nicht zu beeindrucken: »Wir sahen … diese Gletscher nur in der Entfernung von einer halben Stunde, und ihr Anblick bietet weiter nichts Interessantes dar. Man kann es nur eine neue Art von Sehen nennen, die aber dem Geist schlechterdings keine weitere Beschäftigung gibt, als daß ihm etwa auffällt, sich in der stärksten Hitze des Sommers so nahe bei Eismassen zu befinden, die selbst in einer Tiefe, wo sie Kirschen, Nüsse und Korn zur Reife bringt, von ihr nur unbeträchtlich geschmelzt werden können. Nach unten ist das Eis sehr schmutzig und zum Teil ganz mit Kot überzogen, und wer eine breite, bergab gehende, kotige Straße, in der der Schnee angefangen hat, zu schmelzen, gesehen hat, kann sich von der Ansicht des unteren Teils der Gletscher … einen ziemlichen Begriff machen und zugleich gestehen, daß dieser Anblick weder etwas Großes noch Liebliches hat …«

Ungelogen. Es war so, daß er Jahre, Jahrhunderte später noch die Blasen an den Füßen spürte, jene wundroten Stellen, die er sich als junger, eigentlich doch stabiler Mann in den Berner Bergen geholt hatte. Ein Phantomschmerz, der bis nach Berlin, in den komfortabel verkleideten Unterstand seines landesweiten Ruhmes reichte. Er lag im Bett, war nach dem abendlichen Genuß von zwei, drei Flaschen günstig erstandenen Weines schlafdick, aber nicht müde genug, um den tiefen, erholsamen Schlummer zu finden, immer dachte er ja, es müsse noch etwas kommen, gib mir mehr!, ein Ruck muß durch dieses so bedachte und gänzlich ausgeglichene Leben gehen, nebenan das Säuseln seiner Frau, der getreuen Marie, das er, wenn er nicht so schlafen konnte, wie er es wollte und wie es auch gesund gewesen wäre, dann doch, zunehmend, als knottriges Schnarchen empfand, kein anmutiges Geräusch, – und er verfiel in ein schwerfälliges Dösen, aus dem ihn eine jähe, abenteuerlich ungelenke Bewegung riß: Er schlug mit dem linken Bein aus und versuchte sich, fast gleichzeitig, mit dem Arm abzustützen, indem er nach unten griff, in den Morast einer Schweizer Bergwiese. Ein unangenehmer Duft stach ihm in die Nase, er roch Kuhfladen und almigen Kompost, den Sturz hatte er gerade noch vermieden, aber er konnte nicht weiter, nicht wirklich, seine Sohlen waren voller Blasen. Vielleicht lag das auch daran, daß er zu kleine Schuhe anhatte, ein Sonderangebot, erstanden vor Antritt der vollkommen entbehrlichen Wanderung; er, Hegel, der als Hofmeister ohnehin nicht viel verdiente, wollte sparen, das war ihm im Ländle, aus dem er kam, frühzeitig beigebracht worden – man muß zusammenhalten, behutsam bewirtschaften, was einem gehört. Er hatte sie bei einem Berner Schuster gekauft, der Gebrauchtware führte und seine Preisgestaltung nach der Quantität ausrichtete: je größer, desto teurer, wodurch Hegel sich veranlaßt sah, die Schuhe aus Kostengründen eine oder gar zwei Nummern kleiner zu wählen; zur Not mußte er eben Zähne und Zehen zusammenbeißen. Das tat er, es ging etwa eine Stunde gut, dann hinkte er hinter seinen drei Begleitern her, sächsischen Hofmeistern, Kollegen, sie hießen Thomas, Staude, Hohenbaum, was hatten Sachsen in der schon durch ihre aufgetürmten Gebirge so wehrhaften Schweiz verloren; jeder Schritt schmerzte; Felswände, Steinnasen wuchsen vor ihm ins Unendliche auf. Oben die albernen Schneehauben, Gott zum Gruße. Sie stiegen und stiegen, zwischendrin tappten sie, als wär' das Erholung, durch ein blasses Tal. Wie oft dachte er ans Umkehren. Aber es gab keinen Weg zurück; er hätte alleine umdrehen müssen, allein mit seinen Schmerzen und Wundmalen, mit Blut in den Schuhen und seinem von jeher mangelhaften Ortsgedächtnis. War er nicht in Tübingen, auch schon in Stuttgart, dankbar für jeden Tag gewesen, an dem er heil und ohne ein Irrläufer zu sein zurück nach Hause fand. Daß er im Tübinger Stift einige Male zu spät kam, wofür man meinte, ihn bestrafen zu müssen, war ja nicht nur seinem Nachtdurst geschuldet, sondern lag auch daran, daß er sich verlaufen hatte, besser gesagt: verritten, sein Pferdchen gab sich ähnlich ahnungslos wie er, aber ihm hängte man keinen Karzer auf, es bekam Hafer und Wasser und einen tröstenden Klaps. Den Ausfallschritt mit flankierendem Abstützversuch, die abenteuerlich ungelenke Bewegung, machte er, als sie, immerhin nahte da schon für diesen Tag das vorläufige Ende der Qual, die Berghütte ansteuerten, in der sie übernachten wollten, und eine Abkürzung probierten: vom Weg ab, links über einen Drahtzaun und eine steile Weide hoch, die, im langsam einsetzenden Dämmerlicht, wie ein Gräberfeld aussah, das von Maulwürfen bewirtschaftet wurde. Er war nicht gegen die Abkürzung, bewahre, die ganze elende Wanderung hätte er ja am liebsten so abgekürzt, daß nichts mehr von ihr übrig blieb, aber er hatte ein ungutes Gefühl, nicht ganz unbegründet, wie sich herausstellte; schließlich waren seine Begleiter Ortsfremde wie er. Warum sollten sie sich besser auskennen? Aber Hohenbaum, der lauteste unter den nicht nur hier im Gebirge übertrieben frohsinnigen sächsischen Hofmeistern, behauptete steif und fest, daß er mit Hilfe einer Karte bis ans Ende der Welt käme, immer auf günstigem Pfad und ohne sich je zu verlaufen. So hatte er dann, nach einem langen Blick auf seine vergilbte Karte, die womöglich gar nicht die Topographie der Schweiz, sondern nur die der sächsischen Schweiz zeigte, auf die steile Bergwiese linker Hand gedeutet, an deren Rändern eine ins hohe Nichts gestaffelte Zinnenwand aus bräunlichem Fels wartete, hinter der bereits die Sonne in Deckung ging. Man folgte ihm;

der Mensch, besonders dann, wenn er erschöpft, gereizt und ratlos ist, läßt sich gerne sagen, wo es lang geht, er verbindet damit Hoffnung auf ein Ankommen vor der Zeit, die aber eine Leidenszeit war und blieb. Die Wiese, die sie erstiegen, war ein schräggestellter Sumpf, mit jedem Schritt sanken sie ein, und das tückisch übergrünte Erdreich warf ölige Blasen. Rabenvögel kreisten in der Luft, stießen heisere Schreie aus. Hohenbaum ging voran, das war er sich schuldig. Ab und zu schaute er sich um, sagte etwas Aufmunterndes, was keiner hören wollte. Und keiner verstand. Wenn sich die deutsche Sprache, zu der ja irgendwie auch das sogenannte Schwyzerdütsch gehörte, das ihn aber eher an eine hartnäckige Halskrankheit, an vergebliches Freiräuspern erinnerte, schon in so unnötig viele Dialekte zerlegen ließ, was indes wohl für alle Sprachen galt, die ihren Kernbestand nicht vor dem Abschliff durch beständigen, auch unbedarften Gebrauch schützen können, dann war dabei gegen die Sorgfaltspflicht verstoßen worden: Es gab Dialekte, die waren, wie das Schwäbische etwa, in sich stimmig, verständlich, wort- und bildreich in Schrift und mündlichem Widerklang, und auch wenn der Fremde nicht alles verstand, ging ihm doch manches auf, wie in schlagender Einsicht oder als ob freundliche Menschen, Schwaben also, eigens für ihn einen Erkenntnisblitz gezündet hätten, ohne Gewährleistung, aber zu freiem Gebrauch. Andere Dialekte hingegen waren mit der Zeit völlig verwaschen und zerschlissen, das Sächsische eben, das sich wie abgehangenes Liedgut anhörte, das lange, viel zu lange in falscher Tonart gesungen wurde und nun, da es allen zum Halse heraushing, nur noch in verschrobener Rede verbreitet werden durfte. Umgekehrt wurde übrigens auch ein blutiger Schuh draus: Die drei Sachsen machten sich über ihn lustig: »Was will uns der Schwab' sagen, er spricht, als hätt' er Spätzle im Maul. Ob dich deine Zöglinge verstehen?« »Aber euch«, sagte Hegel grimmig, »euch verstehen sie, ja.« Später, aber auch das ist eine andere Geschichte, hat man Professor Hegel, nunmehr berühmtester Professor des Landes, tatsächlich nicht so ganz gut verstanden; bei den Protokollanten, die in seinen Vorlesungen mitschrieben, kamen Mißverständnisse auf, die jedoch, da sie sich, nach Art eines Virus, in seine Werke einschmuggeln ließen und dort für hermetische Wendungen sorgten, seiner Philosophie, hinterrücks, noch förderlich wurden. Jetzt aber war nur der Weg das Werk, eine endlose, morastige Straße, die geradewegs in die Hölle führt, nur daß die Hölle nicht, wie gemeinhin vermutet, unterirdisch, in den unsichtbar abgeschotteten Kohle- und Heizgruben der Welt liegt, sondern auf einer hoch hinaufführenden Rampe, die nicht enden will. Als die Rabenvögel schweigen, hört man eine Zeitlang nur die Tritte der Wanderer, das glucksende Geräusch von Blutwasser im Schuh. Eigentlich ist der Kartenleser Hohenbaum, meint er, der Stärkste und Schnellste. Zu Fuß. An diesem

Abend, der dann doch noch in blanke Nacht übergeht, muß er sich eines Besseren belehren lassen: Unter kaltem Sternenhimmel und vor einem breit ausgehängten Mond, auf dem man jede seiner faden Geröllformationen erkennen kann, erreichen sie die Hütte, ihr Tagesziel, an die sie, wären sie nicht der angeblichen Abkürzung gefolgt, schon zwei Stunden früher hätten klopfen können, und da ist Hegel der erste. Kontinuierlich, oft fast besinnungslos war er gegangen, mit gleichmäßigem, nicht aufzuhaltendem Schritt, er hatte einen nach dem andern überholt, zuletzt den ächzenden, säuerlich dreinblickenden Hohenbaum. Man konnte das, dachte Hegel später, nicht ohne die ihm zustehende Selbstzufriedenheit, als Bild für seinen Werdegang nehmen: Ein unterschätzter, anscheinend nur für das Unscheinbare vorgesehener Mann, den man für einen mißmutigen Kameralbeamten halten konnte, nicht aber für einen Philosophen, der das unerhörte Wagnis einging, das Leben als Rigorosum des Denkens zu nehmen, verlor beim Start an Boden, um dann, im Grunde bereits abgeschlagen, Fahrt aufzunehmen – am Ende war er an allen vorbeigezogen. Das Ziel erreichte er als Erster und war doch schon vorher dort angekommen.

10

Hegel hat, ohne dies zum jetzigen Zeitpunkt näher ausführen zu können, den *Geist* als seinen Schlüsselbegriff gewählt. Der Geist braucht Arbeit, er ist ständig in Bewegung, will diese Beweglichkeit am Anschauungsmaterial umsetzen, das sich ihm gegenüberstellt. Dafür aber taugt die Bergwelt ganz und gar nicht: Die Berge stehen da in ihrer steinernen Massigkeit, sie verdecken den Himmel, auch den Himmel des Geistes, der sich erst, wenn man ihm auf die Sprünge hilft, ins Unendliche ausspannt. Dem Wanderer Hegel dämmert die Einsicht, daß er den Geist, will er ihm Lebendigkeit und Gestaltungskraft belassen, aus den Naturgegebenheiten heraushalten muß. Geist und Natur nämlich, als elementare Bestandteile der Schöpfung, passen im Menschen, der ja selbst eine Art Zwitterwesen ist, das seine Kreatürlichkeit mit dem ihm zugewachsenen Denkvermögen in Einklang zu bringen hat, nicht recht zusammen; er sieht sich veranlaßt, in seiner Selbstbestimmung entweder das eine oder das andere Element stärker zu berücksichtigen. Hegel entscheidet sich für den Geist und gegen die Natur; diese Entscheidung fällt früh, und sie entspricht, was in diesem Zusammenhang paradox klingen mag, seinem persönlichen Naturell. Als er jedoch ein Naturschauspiel vorgeführt bekommt, das ihn seine intellektuelle Voreingenommenheit vergessen läßt, gerät seine Geistgläubigkeit, vorübergehend, ins Wanken. Die Wanderer stehen vor den Reichenbachfällen, die sich in einem Landstrich befinden, den man, ungeachtet seiner natürlichen Ansehnlichkeit, heute mit Standseilbahn, künstlichen Galerien, Brücken und unterirdischer Erlebniswelt nachgerüstet hat. Damals ist von all dem noch nichts zu erahnen; alles ist, wie es ist, und Hegel erkennt, daß es eine Großartigkeit in der Natur gibt, die das gewöhnliche Auffassungsvermögen übersteigt. Vor ihr versagt der Dichter, resigniert auch ein Maler, dem es einfallen möchte, das Naturkunstwerk Wasserfall im Bild festzuhalten: »Ein solches Gemälde müßte dem Auge so nahe gebracht werden, daß es Mühe hätte, das Ganze zu überblicken, es nicht neben andere Gegenstände versetzen könnte und so völlig allen Maßstab verlöre. Außerdem muß auch im besten Gemälde das Anziehendste, das Wesentlichste eines solchen Schauspiels fehlen: das ewige Leben, die gewaltige Regsamkeit in demselben. Ein Gemälde kann nur einen Teil des ganzen Eindrucks geben, nämlich die Gleichheit des Bildes, die es in bestimmten Partien und Umrissen geben muß; hingegen der andere Teil des Eindrucks, die ewige, unaufhaltbare Veränderung jeder Partie, die ewige Auflösung jeder Welle, jedes Schaums, die das Auge immer mit sich herniederzieht …, all diese Macht, all dies Leben geht gänzlich verloren …«

Was da am Wasserfall zu sehen ist, läßt sich als sinnliches Modell für ein grundsätzliches Ungenügen begreifen: Die Wirklichkeit sprengt die ihr zugemuteten Begriffe; sie läßt sich zwar verstehen, aber nicht bändigen. Bei genauerem Hinsehen erweist sich jeder Begriff als zu klein für das, was er fassen soll – immer überwiegt das Wirkliche, das Objektive. Hegel jedoch ist nicht bereit, einen solchen Schluß zu ziehen. Er hat sich, unverrückbar, auf die Seite des Geistes geschlagen: Die Natur, so wird er später dekretieren, ist für den Geist nur ein Durchgangsstadium; in ihr ist er außer sich und muß zu sich selbst zurückfinden.

Als die Wanderer sich zu trüber Mittagszeit einmal verlaufen und in eine besonders karge Höhenregion geraten, schlägt Hegels Naturdünkel in blanke Ablehnung, ja in Wut um: »Weiterhin sieht man die Vegetation immer mehr den Fluch der wärme- und kraftlosen Natur empfinden. Man trifft keine Tannenbäume mehr an, nur verkrüppeltes Tannengesträuch, Moos, elendes oder gar kein Gras, einige Lerchen- und Arvenbäume … Ich zweifle, ob hier der gläubigste Theologe es wagen würde, der Natur selbst in diesen Gebirgen überhaupt den Zweck der Brauchbarkeit für den Menschen zu unterlegen … In diesen öden Wüsteneien hätten gebildete Menschen vielleicht eher alle anderen Theorien und Wissenschaften

erfunden, aber schwerlich denjenigen Teil der Physiko-
theologie, der dem Stolze des Menschen beweist, wie
die Natur für seinen Genuß und sein Wohlleben Alles
hinbereitet habe; ein Stolz, der zugleich unser Zeitalter
charakterisiert, indem er eher seine Befriedigung in der
Vorstellung findet, was alles für ihn von einem fremden
Wesen getan worden ist, als er sie in dem Bewußtsein
finden würde, daß er es eigentlich selbst ist, der der Natur
alle diese Zwecke geboten hat.«

Hegels Laune bessert sich nur unwesentlich, denn
er ist auch mit der Verpflegung in dieser Gegend nicht
zufrieden: Immer nur Käse und Brot, gelegentlich etwas
Schinken und geräuchertes Murmeltierfleisch, dazu ein
Wein, den er eindeutig für zu fad, zu dünn und zu sauer
hält. Die Wanderung soll in Luzern enden, aber bis dahin
ist es noch ein Stück beschwerlichen Weges. Wieder geht
es hoch hinauf, was – Hegel konstatiert es mit angeneh-
mem Grausen – nie ganz ungefährlich ist: »In diesen
Gegenden sind in der Herbst- und Frühlingszeit schon
viele Unglücksfälle geschehen. Wenn man von schlechtem
Wetter und Schnee überfallen wird, ist der Weg gleich
verloren. Richtungslos irrt der Unglückliche umher, findet
in einer Kluft im Schnee seinen Tod und niemand weiß,
was aus ihm geworden. Noch nicht lange wollte ein armer
Luzerner mit seiner Frau und zwei Kindern auf diesem
Wege ins Wallis. Er wird vom Schnee überfallen, irrt so
lang herum, bis seine Frau kraftlos niederfällt. Ihn selbst

verlassen die Kräfte so, daß er nur sich und ein Kind weiter fortschleppen kann. Seine Frau und das andere Kind läßt er im Schnee zurück, und man hat nichts mehr von ihnen erfahren ...«

Hegel jedoch kennt keine Angst, zumindest legen das seine Aufzeichnungen nahe. An einem hoch gelegenen Aussichtspunkt gibt er die gewohnt nüchterne Ortsbeschreibung: »Von hier aus sahen wir hinter uns die Aarhörner, gerade vor uns die Gegend des Tals, in welchem Obergesteln am Gehrenberg liegt ...; weiter links einen Teil des Gotthards; tief unter uns das Tal, in dem die Rhone fließt, und den Rhonegletscher; von diesem hinauf zu unserer Linken die Mayenwand; über dem Gletscher den Galenstock, einen Urnerischen Schneeberg, und weiter im Hintergrund einen Teil der Furka. »Weiter geht es, und es wird immer steiler, vor allem aber sehr eng: »Der Weg ist ... so beschaffen, daß man kaum zwei Füße nebeneinander stellen kann, und etwa 50 – 60 Schritt lang mag der Winkel, den die Wand bildet, bis 70 Grad betragen. Ohne sich zu bücken, kann man sich bequem mit der Hand an der Wand halten.« Mit der Natur, sofern sie wirkliche Natur und nicht stilisierte, philosophisch geadelte Natur ist, geht man damals noch einigermaßen achtlos um; auf ein paar Blumen mehr oder weniger kommt es nicht an: »Wir brachen im Vorbeigehen Alprosen und schöne Vergißmeinnicht, deren hier eine unzählige Menge wächst. Keiner hatte hier die geringste Anfechtung von Angst. Man geht von hier noch eine Viertelstunde … schräg hin und von da gerade bergab der Rhone zu. Das Herabsteigen ist unendlich beschwerlicher. Das Gesträuch der Alprosen, die etwa 1 bis 1 ½ Fuß hoch sind, erlaubt keinen festen Tritt. Mir war es besonders wegen der schlechten Beschaffenheit meiner Füße unmöglich, mich aufrecht zu halten. Ich ahmte einige meiner Gesellschafter nach, setzte mich auf die Hosen, ergriff mit beiden Händen nebenstehende Alprosen und rutschte so den größten Teil des Berges hinunter. Unten an der Rhone fanden wir, daß wir mit diesem Hinabsteigen, das uns sehr kurzweilig vorgekommen war, über eine Stunde zugebracht hatten.«

Als die Wanderung endet, ist Hegel froh. Die ausgedehnte Bergtour hat ihm neben vielen Blasen an den Füßen vor allem eine Erkenntnis gebracht: Er ist kein Naturfreund und für die Berge nicht geschaffen. Das wußte er allerdings schon vorher; was er noch nicht wußte und nun weiß, ist, daß der von ihm so geschätzte Geist eine Freiheit braucht, die ihn über die Berge und alle sonstigen Hindernisse hinweg fliegen läßt. Ja, der Geist ist selbst diese Freiheit, er braucht Beschäftigung und Bewegung, die er an den Gebirgswänden nicht findet. Der Bergwanderer Hegel hat die Botschaft der Berge verstanden, sie bedarf der unnachgiebigen Widerlegung – wenn das Überflugrecht nicht gewährt wird, muß man es sich nehmen: »Weder das Auge noch die Einbildungskraft finden auf diesen formlosen Massen irgendeinen Punkt, auf dem jenes mit Wohlgefallen ruhen, oder wo diese Beschäftigung oder ein Spiel finden könnte. Der Mineralog allein findet Stoff, über die Revolution dieser Gebirge unzureichende Mutmaßungen zu wagen. Die Vernunft findet in dem Gedanken der Dauer dieser Berge oder in der Art von Erhabenheit, die man ihnen zuschreibt, nichts, das ihr imponiert, das ihr Staunen und Bewunderung abnötigte. Der Anblick dieser ewig toten Massen gab mir nichts als die einförmige und langweilige Vorstellung: es ist so.«

Dieses *Es ist so* wird später zu einem sowohl negativ wie positiv besetzten Satz der Hegelschen Philosophie. Es ist so: Das hat die Philosophie zu erkennen, der der alte Hegel keine Höhenflüge mehr zutrauen will. Es ist so: Das kann und darf der Philosophie nicht genügen, sofern sie sich an den Geist hält, der vom Himmel herabkommt, sich in der sperrigen Natur nicht zurechtfindet, weshalb er sie eilig zurückläßt und erst im Denken, endgültig, zu sich selbst kommt. Dies gilt, wie Hegel später hinzufügen wird, nicht nur für die Großausgabe des Geistes, sondern auch für die verführerischen, ihm nachgebildeten Miniaturen, die wir im täglichen Gebrauch halten: Der Geist muß raus aus der Flasche, um frei zu sein und als Wohltäter zu wirken.

II

Hegel muß zurück in die Pflicht: Das Hauslehrerdasein erwartet ihn, das ihm genauso abweisend wie die Berge vorkommt. Er will weg, will sich am liebsten ganz und gar der Philosophie widmen, was aber aus ökonomischen Gründen unmöglich erscheint. Da erreicht ihn Ende Oktober 1796 ein Brief, der ihm eine erfreuliche Perspektive eröffnet: Sein Freund Hölderlin hat in Frankfurt Gespräche geführt, die einer Hauslehrerstelle gelten, von der zuvor schon, unverbindlich, die Rede war. Nun wird es verbindlicher: »Liebster Hegel! – Endlich geht es denn doch einmal. Du erinnerst Dich, daß ich zu Anfang des Sommers von einer äußerst vorteilhaften Stelle schrieb und daß es mein ganzer Wunsch um Deinet- und meinetwillen wäre, daß Du hierher kämest zu den braven Leuten, von denen die Rede war ... Vorgestern kommt Herr Gogel ganz unvermutet zu uns und sagt mir, wenn Du noch frei seist und Lust zu diesem Verhältnisse hättest, würd' es ihm lieb sein. Du würdest zwei gute Jungen zunächst zu bilden haben, von neun bis zehn Jahren, würdest durchgängig ungeniert in seinem Hause leben können, würdest, was nicht unwichtig ist, ein eigenes Zimmer bewohnen, wo Du Deine Buben nebenan hättest, würdest mit den ökonomischen Bedingungen sehr zufrieden sein, von ihm und seiner Familie soll ich übrigens nicht viel Gutes schreiben, weil gespannte Erwartung immer schlecht befriedigt würde, wolltest Du aber kommen, so stehe sein Haus Dir alle Tage offen (…) Das Reisegeld würde Dir bezahlt werden … Alle Messe wirst Du ein sehr beträchtlich Geschenk bekommen. Und alles wirst Du frei haben, etwa Friseur, Barbier und was sonst Kleinigkeiten sind, ausgenommen … Du wirst sehr guten Rheinwein oder französischen Wein über Tisch und auch danach trinken. Du wirst in einem Hause wohnen, das eines der schönsten in Frankfurt ist und auf einem der schönsten Plätze in Frankfurt, dem Roßmarkte, steht.« Das alles klingt sehr vorteilhaft, und Hölderlin weiß wohl, warum er den Wein erwähnt: Sein Freund Hegel nämlich ist ein guter Trinker, und bleibt es auch im Ruhm, der noch über ihn kommt. Der preußische Staatsphilosoph Hegel führt in Berlin eine nicht unbeträchtliche Korrespondenz, die dem Aufspüren günstiger Weinlieferanten und der Vorratshaltung seines Weinkellers gilt; über eine edle Flasche oder, noch besser, ein Fäßchen Wein freut er sich mehr als über ein schlaues Buch. Hölderlins Brief schließt mit einer anrührenden Freundschaftsbekundung: »Endlich, Lieber, laß mich auch das Dir ans Herz legen: Ein Mensch, der unter ziemlich bunten Verwandlungen seiner Lage und seines Charakters dennoch mit Herz und

Gedächtnis und Geist Dir treu geblieben ist und gründlicher und wärmer als je Dein Freund sein wird und jede Angelegenheit des Lebens willig und freimütig mit Dir teilen, und dem zu seiner schönen Lage nichts fehlt als Du, – dieser Mensch wohnt gar nicht weit von Dir, wenn Du hierherkömmst. Wirklich, Lieber, ich bedarf Deiner und glaube, daß Du auch mich wirst brauchen können.«

Hegel zögert nicht, das Angebot aus Frankfurt anzunehmen. Allerdings läßt sich sein Schweizer Arbeitsverhältnis nicht sofort lösen; er muß noch bis zum Jahresende beim Herrn von Steiger ausharren. Die Vorfreude auf den Stellungs- und Ortswechsel ist groß; sie richtet sich vor allem auf die Aussicht, wieder unter Menschen zu kommen, mit denen er reden kann – nicht in höflichen Redewendungen, sondern in Form eines groß angelegten Gedankenaustausches. Hölderlin weiß Hegels Vorfreude zu schüren; am 20. November 1796 schreibt er aus Frankfurt: »Wir wollen brüderlich Müh' und Freude teilen, alter Herzensfreund. Es ist recht gut, daß mich die Höllengeister und die Luftgeister mit den metaphysischen Flügeln, seitdem ich in Frankfurt bin, verlassen haben. So bin ich Dir noch etwas brauchbar. Ich sehe, daß Deine Lage Dich auch ein wenig um den wohlbekannten immerheitern Sinn gebracht hat. Siehe nur zu! Du wirst bis nächsten Frühling wieder der Alte sein … Du wirst Freunde finden, wie man sie nicht überall findet … Ich sage Dir, Lieber, Du brauchst nichts als Dein und mein

Haus, um recht glückliche Tage zu haben. Der Tag des Wiedersehens wird uns ziemlich verjüngen.«

Hegels Erwartungen werden nicht enttäuscht. Die Übersiedlung nach Frankfurt bedeutet für ihn einen Schritt zurück in die Welt, von der er sich in der Schweiz nahezu ausgeschlossen wähnte. Die Kontakte zu einer Realität, die *ihn* interessierte, waren auf Buch- und Briefgröße geschrumpft; nun steht er bereit, wieder ins Leben einzutauchen. Der Schritt zurück in die Welt bedeutet zugleich eine Hinwendung zur Zukunft, der Hegel mit einer Philosophie beizukommen hofft, die im Entstehen begriffen ist. Sein Philosophieren setzt auf Weltläufigkeit; es gilt, die Tendenzen des Lebens aufzunehmen und zu begreifen – ein Prozeß, der vor aller Begriffsarbeit die bewußte Teilnahme am Leben selbst erfordert. Frankfurt bietet dazu nicht wenige Möglichkeiten; im Vergleich zur trägen Beschaulichkeit, die ihn in der Schweiz umgeben hat, muß ihm die Messestadt am Main wie eine Metropole erscheinen, in der er einiges nachholen kann. Hegel lebt auf. Im Umgang mit Hölderlin wagt er sich sogar wieder auf ein Gebiet vor, das nicht sein stärkstes ist: die Poesie. Zuletzt hatte er sich in einem Brief an Hölderlin als Lyriker versucht – in wehmütigem, hoffnungsbangem Tonfall. Nun wird er, der sich inzwischen einen nervösen Pudel zugelegt hat, übermütig; in Ermangelung einer Geliebten, die sich besingen ließe, widmet er seinem Hund ein Gedicht: »Er rennt in weiten Kreisen in die

Ebne hinein, seine Rückkehr sind wir;/ Er sucht in der Erde, er erblickt mich und schon hüpft er wieder an mich. Wo bleibt er?/ Nun hat er Gespielen getroffen. Sie necken, fliehen und suchen sich;/ Der jetzt jagte, ist nun Flüchtling. Doch sieh, zu weit rennen sie jetzt./ Hier-her!! Das Wort reißt ihn los vom Instinkt und nötigt ihn zum Herrn./ Doch eine Hündin zieht ihn wieder rechts. Halt!!/ Zurück! Er hört nicht. Der Stock wartet deiner. Ich seh' ihn nicht mehr./ An der Hecke schleicht er her, das böse Gewissen verzögert die Schritte./ Zu mir! Du kreisest weit um mich, schwänzelst, er muß –/ Habt ihr noch nie gesehen, was es heißt: *Müssen?* Hier seht ihr's. Er kann nicht anders …«

Auch einen Mondscheinabend beschreibt der Philosoph Hegel im Gedicht. Zuvor scheint er, zu später Stunde, im Main gebadet zu haben; er ist allein, fröstelt, das Mondlicht vermag ihn nicht zu wärmen. Frau Luna ist eine kalte Person; dennoch läßt sich an ihr ein Gedankenfeuer entzünden: »Gegen des Stromes drängende Wellen/ Arbeite'ich, meinen Platz zu behaupten,/ Und, umfaßt von ihrer umliegenden Kühle,/ Im Sträuben gegen sie gestärkt,/ Trat ich triefend an das Ufer./ Aber drüben drang mit trunkenem Gesicht/ Luna durch die Düfte sich hinauf./ Rötet erhitzender Kampf über Erde und Nebel ihre Wange,/ Oder erötet jungfräulich sie, dem sterblichen Geschlechte sich entblößend?/ Herab zu uns und unsern Flächen, Bäumen,/ Legt sie schmei-

chelnd ihre Strahlen an,/ Denn die Unsterblichen, nicht
ärmer werdend,/ Noch niedriger, geben sich der Erde
und leben mit ihr.«

Ach was. Freiwillig war er nicht in die Fluten gestie-
gen, unter einem roten Rollmond. Beim Gang mit dem
Hund, den er erst, wie es befohlen war, anleinte, dann
jedoch, inmitten der Mainanlagen, als niemand, schon
gar keine Ordnungskraft zu sehen war, frei gab, überkam
ihn eine seltsame Stimmung. Er sah sich, im Rotlicht,
das auf ihn herabfloß und mit leisem, kaum spürbarem
Fieberschauer überzog, als Beschenkten. Alles wurde ihm
gegeben, in diesem Augenblick, den er sich wortlos heilig
sprach. Der Geist, mal eingewebt unter seinesgleichen,
im weittragenden Formationsflug unterwegs, mal getarnt
als unauffälliger Individualtourist, bedient nur, das macht
seine eigenartige Freiheit aus, ein ihm geneigtes, ein zu-
gängliches Denken, dem dafür die notwendige Illusion
überlassen wird, seinen eigenen Betrieb zu führen. In den
Glücksmomenten, die ihm damals widerfuhren, sie waren
Spiegelungsfeste des Geistes, glaubte Hegel daran, daß er
in höherem Auftrag handelte. Der Lieferant aber war zugleich der Auftraggeber, eine Vermutung, die sich, obwohl
sie der tragenden Gewißheit zum Verwechseln ähnlich
blieb, später nicht mehr so ganz halten ließ; das hatte mit
seinem Alter zu tun, den bedächtig abgewirtschafteten
Träumen, mit einem aus der Versenkung auftauchenden
Seelenleben, das er zuvor, in bewußter Pflichterfüllung,

außer acht gelassen hatte. Und am Ruhm lag es, der sich über ihn hermachte; er war ein Sedativ, legte sich wie Schallschutz auf sein Denken, machte es stoßfest und bruchsicher. – Der Pudel, den er kurz zuvor, als er eines anderen, bedrohlich kompakten Hundes ansichtig wurde, der von seinem Herrn kaum zu unterscheiden war, wer führte da wen aus, wieder angeleint hatte, riß ihn aus dem heiligen Moment der Erfüllung. So stark riß Hegels Hund, daß er seinen Herrn fast mitgezogen hätte; irgendetwas war auf den Wiesen, ein unbekanntes Flugobjekt, das hinunter zum Ufer jagte. Der Hund bellte wie verrückt, erst im Stand, dann nahm er Fahrt auf, raste mitsamt der hinter ihm herfegenden Leine zum Fluß, wo ihm ein Mißgeschick widerfuhr: Die Hundeleine wickelte sich um seine Hundefüße, er überschlug sich, was von oben so aussah, als hätte man einen Ball ins Wasser befördert, der dort versank, wieder auftauchte, gurgelnde Klagelaute von sich gab. Für seinen Herrn war nun kein Halten mehr, er stürmte zum Main hinunter, das dumme Tier zu retten. Er tat es, weil er es tun mußte, für Überlegungen war keine Zeit. Als das Wasser über seinem Kopf zusammenschlug und er die Kälte wie einen Schlag zum Herzen verspürte, hätte er sich selbst gern retten lassen. Auf der Stelle. Aber es kam niemand. Das erstbeste Knäuel, das er zu fassen bekam, war sein Hund, und er lebte. Wenig später lagen sie beide wie ein von der Liebe erschöpftes Paar am Mainufer, der rote Mond stand über ihnen, ließ sein rotes Licht auf sie fließen, so als müßte er, mit unzureichenden Mitteln, die zweifelsfrei gute Tat belohnen, die er gerade mit angesehen hatte, aber es reichte nicht hin, ihm fehlte die Wärme. Das Gedicht, das dann entstand, war der Kälte geschuldet; zu erschöpft, um sich warmzulaufen, hatte Hegel sich warm gedichtet, und der so tapfer gerettete Hund, dem er das auf die Schnelle entstandene Werk vortrug, hörte andächtig zu.

Unter dem roten Mond und in der relativen Stille der Nacht war er für einige vorübergehende Momente fast naturfromm geworden, das hat man halt manchmal, auch als Naturverächter, aber er rief sich, noch im Kälteschock, wieder zur Ordnung, die Kleider klebten ihm am Philosophenleib, und mit beträchtlich viel Wasser in den Schuhen tappte er zurück in seine Frankfurter Behausung. Einen Glühwein machte er sich, der reichte nicht, um dem Frieren Einhalt zu gebieten, also noch ein Glühwein, und dann lag er im Bett, die Decke über den Kopf gezogen. Später, nach einem weiteren Glühwein und einem hessischen Obstler als Nachtisch, der ihm gut tat, seine Magenwände jedoch ein wenig aufrauhte, hörte er im Schlaf eine Stimme, die von oben herab auf ihn einsprach und dabei, sehr einfältig und beständig, einen Satz wiederholte: »Na, wie fühlt sich der Geist so, wenn er baden geht?«

12

Hegels philosophische Überlegungen in Frankfurt werden vom Geist des Widerspruchs befördert, der sich, wenn man ihn systematisiert und zum Erkenntnisinstrument macht, als Dialektik begreifen läßt, mit der er bald gerne hantiert. Im September 1800 vollendet er in Frankfurt einen Aufsatz, der 47 Druckbogen umfaßt, von denen allerdings nur zwei erhalten geblieben sind, die in der Hegel-Forschung später als *Frankfurter Systemfragment* bezeichnet werden. In diesem bruchstückhaften Text wird am Beispiel des Gegensatzes von Protestantismus und Katholizismus ein christlicher Religionsbegriff entwickelt, der wesentlich aus der Vermittlung durch die Philosophie hervorgeht und auf einer reinen, substantiell unversöhnten Geistigkeit beruht. An einer neuen Religiosität soll die Philosophie, ungeachtet ihrer zuvor geleisteten Begriffsarbeit, ihr Genügen finden – ein Gedanke, den Hegel in den Folgejahren umkehrt, indem er die Philosophie über die Religion stellt, deren Erkenntnismöglichkeiten auf den Bannkreis des Glaubens beschränkt bleiben. Das *Frankfurter Systemfragment* endet mit Erörterungen, die bereits das Credo der späteren Hegelschen Geschichtsphilosophie anklingen lassen: »Die Natur ist geheiligt, aber nicht durch einen eignen Geist; sie ist versöhnt, aber sie bleibt für sich ein Unheiliges, wie zuvor. Die Weihe kommt ihr von einem Äußeren. Die ganze geistige Sphäre ist nicht aus eigenem Grund und Boden emporgestiegen. Der unendliche Schmerz ist in der Heiligung permanent und die Versöhnung selbst ein Seufzer nach dem Himmel … Die Erhebung des Endlichen zum Unendlichen charakterisiert sich als Erhebung endlichen Lebens zu unendlichem … Jeder Einzelne ist ein blindes Glied in der Kette der absoluten Notwendigkeit, an der sich die Welt fortbildet. Jeder Einzelne kann sich zur Herrschaft über eine größere Länge dieser Kette allein erheben, wenn er erkennt, wohin die große Notwendigkeit will, und aus dieser Erkenntnis die Zauberworte aussprechen lernt, die ihre Gestalt hervorrufen. Diese Erkenntnis, die ganze Energie des Leidens und des Gegensatzes, der ein paar tausend Jahre die Welt und alle Formen ihrer Ausbildung beherrscht hat, zugleich in sich zu schließen und sich über ihn zu erheben, diese Erkenntnis vermag nur die Philosophie zu geben.«

Hegel mutet der Philosophie viel, wenn nicht gar alles zu. Er dehnt ihren Erkenntnisanspruch auf einen Bereich aus, in dem sein berühmter Vorgänger Kant noch Zurückhaltung anempfohlen hatte: auf die Wirklichkeit, wie sie ist, wenn sie nicht durch das Denken betrachtet wird. Hegel wagt den Umkehrschluß: Die Wirklichkeit ist das

Denken, zumindest macht das Denken ihr Wesentliches aus. Ohne das Denken ist die Wirklichkeit zwar vorhanden, aber sie wird nicht gewußt und zählt eigentlich nicht. Erst die vom Geist durchdrungene Wirklichkeit ist wahre und vernünftige Wirklichkeit. Hegel stellt die Wahrheit der Welt in den Selbstbestimmungsgang des Geistes, der sich entäußern muß, um zu sich selbst zu finden. Der Mentor dieser Selbstfindung ist Hegel; der Geist braucht sich nur an seine Philosophie zu halten, und er kommt, ohne weitere Umwege, an sein Ziel, das eigentlich da ist, wo es schon vorher war: nämlich in sich selbst.

Am 17. Januar 1799 erhält Hegel einen Brief seiner Schwester Christiane, die ihm mitteilt, daß »der Vater eines ruhigen Todes« gestorben ist. Er fährt in seine Heimatstadt Stuttgart; das Erbe des Vaters, der seine Frau um fünfzehn Jahre überlebt hatte und zu seinen Kindern bis zuletzt in inniger Beziehung stand, wird unter den Geschwistern aufgeteilt. Auf Hegel entfällt ein Anteil von etwas mehr als 3000 Gulden, kein großes Vermögen, aber ein Sümmchen, das er durch eigene Ersparnisse noch ein wenig aufstocken kann. Die Erbschaft setzt ihn in den Stand, seinem Leben eine selbstbestimmte Wendung zu geben. Die Pläne dafür sind in Frankfurt gereift. Hegel kann daran denken, sich verstärkt um eine wissenschaftliche Karriere zu bemühen, für die ihm, wie er glaubt, wesentliche Voraussetzungen zugewachsen sind. Er weiß jetzt, was er der Philosophie und sich selbst zutrauen kann. Im November 1800 wendet er sich erneut an Schelling, der mittlerweile als Professor in Jena lehrt und, zumindest in Fachkreisen, als Koryphäe gilt. Hegel schreibt: »Da ich mich endlich imstande sehe, meine bisherigen Verhältnisse zu verlassen, so bin ich entschlossen, eine Zeitlang in einer unabhängigen Lage zuzubringen und sie angefangenen Arbeiten und Studien zu widmen ... Deinem öffentlichen großen Gange habe ich mit Bewunderung und Freude zugesehen ... In meiner wissenschaftlichen Bildung, die von untergeordneten Bedürfnissen der Menschen anfing, mußte ich zur Wissenschaft vorgetrieben werden, und das Ideal des Jünglingsalters mußte sich zur Reflexionsform, in ein System zugleich verwandeln; ich frage mich jetzt, während ich noch damit beschäftigt bin, welche Rückkehr zum Eingreifen in das Leben der Menschen zu finden ist ... Ich schaue darum, auch, in Rücksicht auf mich, so voll Zutrauen auf Dich, daß Du mein uneigennütziges Bestreben, wenn seine Sphäre auch niedriger wäre, erkenntest und einen Wert in ihm finden könntest.« Mochte dieses Sendschreiben an Schelling, der, so früh wie man ihn allseits zu loben begann, gar nicht umhin konnte, in Maßen selbstgefällig zu werden, noch vom Tonfall absichtsvoller Unterwürfigkeit geprägt sein, so zeigen sich in ihm doch auch vorsichtige Ansätze eines neuen Selbstbewußtseins, das Hegel, den man noch immer gern unterschätzt, in der Folgezeit auszubauen weiß.

Zu Beginn des Jahres 1801 geht er nach Jena, das sich damals, zumindest vorübergehend, als philosophische Hauptstadt Deutschlands begreifen darf. Die Konkurrenz ist groß; außer Hegel gibt es noch zwölf andere Professoren und Dozenten, die philosophische Veranstaltungen anbieten. Man macht sich gegenseitig die Hörer abspenstig, denn nur wer Hörer hat, die zahlungspflichtig sind, kann darauf hoffen, mit seinen akademischen Bemühungen ein wenig Geld zu verdienen. Ende August 1801 wird Hegel habilitiert; danach darf er sich als Privatdozent betätigen, der allerdings die Konkurrenz nicht aus dem Feld schlagen kann. Er liest vor zehn bis zwanzig Hörern; einmal sind es mehr als dreißig, was sich jedoch, leider, als Irrtum herausstellt, die Studenten wollten eigentlich zu einem anderen Herrn. Fast drei Jahre müht er sich ab, es mangelt ihm nicht an Fleiß, auch nicht an Ideen, aber er ist keiner, der sich elegant präsentieren und verkaufen kann. Sein Vortrag wird als schwerfällig und schwerverständlich beschrieben; hinzu kommt sein schwäbischer Dialekt, den er ein Leben lang beibehält und nicht ablegen kann. Als er hört, daß eine Professur frei wird und neu besetzt werden soll, fürchtet er, der schon etliche Male miterleben mußte, wie jüngere Kollegen in ihrer akademischen Karriere an ihm vorbeigezogen sind, daß er erneut übergangen werden könnte. Er hält es daher für richtig, an höchster Stelle auf seine besondere Lage aufmerksam zu machen. An den zuständigen Staatsminister Goethe schreibt er am 24. Februar 1804: »Indem ich höre, daß einige meiner Kollegen der gnädigsten Ernennung zum Professor der Philosophie entgegensehen und hierdurch daran erinnert werde, daß ich der älteste der hiesigen Privatdozenten der Philosophie bin, so wage ich, der Beurteilung Euer Exzellenz es vorzulegen, ob ich nicht durch eine solche, von den höchsten Autoritäten erteilte Ausgleichung in der Möglichkeit, nach meinen Kräften auf der Universität zu wirken, beschränkt zu werden befürchten muß ... Ich weiß zu sehr, daß diese Umstände der Ergänzung durch die gnädigen Gesinnungen Euer Exzellenz bedürfen, zugleich aber auch, wie sehr dadurch, daß die Durchlauchtigsten Erhalter wenigstens diese gnädige Rücksicht auf mich nähmen, mich nicht anderen nachzusetzen, meine Bestrebungen angefeuert würden.«

13

Seine Bestrebungen wurden angefeuert, als er es gar nicht erwartet hätte. Die Nacht, seine Nacht, ein in sich beweglicher Wallfahrtsort, zu dem man sich nicht eigens hinbemühen mußte, mit Blut in den Schuhen, schwerem Gepäck auf dem Buckel, schließlich war man ja, Gott sei Dank, kein blöder Natur- und Bergwanderer mehr, die Nacht, sein Wertedepot, seine Vorratskammer, sein Schließfach, an das er jederzeit herankam, ohne die Herausgabe des Schlüssels einfordern zu müssen, die Nacht erschien ihm, als er nicht mit ihr rechnete. Warum auch; er rechnete in jenen Tagen allenfalls seinem Geld nach, mit dem es enger wurde, längst hatte er seine kleine Erbschaft angreifen müssen, so konnte es im Grunde nicht weitergehen. Aber auf die Nacht rechnete er nicht, sie kam und ging, so wie der Tag kam und ging. Am Abend vor der Nacht hatte er etwas zu viel gegessen, Thüringer Bratwürste mit Klößen, von seiner Wirtin eigenhändig zubereitet und serviert, wobei sie ihn wieder so seltsam angeschaut hatte, fast konnte man meinen, sie machte ihm schöne Augen, er aber brauchte solche Ablenkungen nicht, schon gar nicht von einer insgesamt zu derben und

kompakten Person, der die Küchengerüche anhafteten
wie anderen, für ihn unerreichbaren Damen das feine
Parfum, und während ihm vor allem die Klöße wie Wa-
ckersteine in den Wanst fielen, setzte draußen, noch am
Abend vor der Nacht, leiser Regen ein. Es wurde früher
dunkel als sonst, es war kühl, man brauchte schon klare
und beherzte Informationen, um überhaupt zu wissen, in
welcher Jahreszeit man sich befand. Leise fiel der Regen,
leise, nur keinen stören; durch das Fenster, auf dem kleine Rinnsale aneinander vorbeiliefen, um dann gemeinsam
im rissigen Fensterholz zu versacken, sah man die Lichter
der Stadt, weniger als sonst. Jena, so schien es, war zum
Schweigen verurteilt, zum Innehalten vor einer Verrü-
ckung, deren Resultate sich erst später zu erkennen gaben.
Frau Wirtin hatte abgeräumt, als er fertig war, das schien
sie von unten zu spüren; mit dem Tablett in der Hand
verharrte sie im Türbogen, wartete darauf, daß er sie zum
Bleiben überredete, in so einer Nacht, aber er redete nicht,
stand am Fenster, schaute, ein nicht sehr großer, in diesem
Moment eingefallener Mann, auf dessen hängende Schultern im abendlichem Zwielicht Staubfahnen zuschweb-
ten, bald, wenn nichts, wenn gar nichts mehr geschah,
würde er vom Staub eingesponnen sein, der grübelnde
Tote am Fenster. Es blieb ihr nichts anderes, als ihm eine
gute Nacht zu wünschen, er nickte, drehte sich um, gab
ihr ein Lächeln. Sie schloß die Tür, ging die Stiege hinunter, ob oben, ob unten, der Mensch ist allein. Danach

hatte er gerülpst, es überkam ihn, kein Ausdruck möglicher Verächtlichkeit dieser einfachen, etwas lästigen Person gegenüber, nein, es rollte ihn auf, aus der Last der Mahlzeit heraus, er hätte jetzt einen oder zwei Schnäpse gebraucht, aber um die zu bekommen, wäre ihm nur wieder der Weg abwärts geblieben, zu ihr, sie hätte sich gefreut, sicher, aber sein Befinden war noch nicht so ungünstig, als daß er das, für die Aussicht auf Erleichterung, in Kauf genommen hätte. So trank er ein Glas Rotwein, es stand ja immer ein Fläschchen bei ihm herum, in Reichweite, es war still, so still, muß man Angst haben, dachte er noch, bevor er sich in voller Kluft aufs Bett legte, muß man – Angst haben. Das langsame Rauschen des Regens, der unmerklich nachließ, war das einzige Geräusch, das er zu hören meinte; vielleicht noch, unten, der Gang der Wirtin in ihrem Zimmer, ein entferntes Umhertappen, wenn es sie überkam, weil ihrer inneren Unruhe, einer Nervosität um jeden Preis, nicht Herr zu werden war, und auch deswegen wohl brauchte sie Ablenkung, sah in ihm den möglichen Herrn, der ihrer Herr werden sollte, das hätte sie abgelenkt und auf andere Gedanken gebracht. Gerade wollten ihm die Augen zufallen, bei sich sanft absenkendem Pegel, da tat es einen Schlag, das Jenaer Haus, in den es ihn, warum auch immer, verschlagen hatte, wurde in seinen Grundfesten erschüttert. Was war das, das Beben von Lissabon wieder aufgelebt und nach Jena verfrachtet, oder nur ein einzelner übermächtiger Erdstoß, zur Warnung, aber wer sollte da gewarnt werden. Er etwa, er hatte nichts getan, war ein alternder Unschuldiger mit geringer Habe; die wenigen aufmüpfigen, gelegentlich ketzerischen Überlegungen, die er angestellt hatte, trugen das Siegel der Verschwiegenheit, und gab es nicht, neben der ärztlichen und priesterlichen Schweigepflicht, die alles in sich fassende göttliche Verschwiegenheit; sie sieht alles und sagt nichts, bis auf den jeweils heutigen Tag. Gut so. Außerdem waren die oppositionellen Gedanken, die ihm gelegentlich zu Kopfe stiegen, ja so oppositionell nicht gewesen, allenfalls in Maßen tückisch. Er war hoch geschreckt, saß auf dem Bett, die fernen Lichter hinter dem Fenster flackerten. Dann merkte er, daß sie näherkamen, in gemächlichem Zug; sie formierten sich, gingen in Reihe, ein Sternmarsch auf ihn zu. Einen merkwürdigen Gedanken hatte er da: Die Lichter illuminierten das partikulare Denken, das über die Köpfe herrscht; dort richtet es sich sein, nach den Möglichkeiten des betreffenden Hausherrn, der mal schlau, mal weniger schlau, oft sogar nur dämlich ist, was für das partikulare Denken bedeutet, daß es faul werden muß, es ist zum Untätigsein verdammt, verarmt in sich selbst, will fliehen, aus dem ihm zugewiesenen dumpfen Schädel, aber das geht nicht, keiner kann aus seiner Haut, auch nicht aus der Kopfhaut, und so entsteht, durch Gedankenübertragung, das unglückliche Bewußtsein. Zusammen jedoch wurden die Lichter stark, flackerten nicht mehr, obgleich jetzt Wind aufkam, ein ruckartiger, in nervösen Böen am Haus rüttelnder Wind, der etwas zu suchen schien, eine Leiche im Keller, versteckte Beute, skandalöse Papiere oder auch nur einen Hinweis auf das lang gesuchte, erlösende, alles erklärende und in sich bergende Wort. Auch das partikulare Denken wurde stark, wenn es sich anderen, seinesgleichen also, anschloß, es formierte sich zum Großen und Ganzen, ein Geisterzug, der sich, kurz vor dem Ziel, noch einmal kleinmachen mußte: das Große und Ganze wurde auf Kopfgröße zusammengepreßt, fand sich wieder an einer alles vereinnahmenden Pforte, der Pforte des Denkens, an der saß er, Hegel, er war der Pförtner – an ihm mußten alle Teilnehmer des Geisterzugs vorbei, und je länger er dort saß und prüfte, desto mehr glichen sich ihm die einzelnen Gedankenfiguren an, es war, als hätte er sie selbst ausgeheckt. Letzten Endes. Die Lichter waren ineinander übergegangen, schimmerten als ein einziges, mild- und gewalttätiges Licht, das partikulare Denken hatte sich einbegeben zur Phalanx, sie kam näher und näher, gleich war es soweit, es pochte schon wild und ängstlich und erwartungsfroh an seinem Stirnbrett; wer genauer hinschaute im Zwielicht, sah den Pförtner des Denkens auf dem Bett sitzen, hellwach, todmüde, sein Kopf, der einzige zugelassene Ort für die Massenveranstaltung des Denkens, das in Wahrheit ein Unikat ist, ein Concentrat für das Reale und Ideale – glühte. Er ließ sich zurücksinken, erschöpft, obwohl er doch an diesem Abend nichts anderes geleistet hatte, als eine schwere Mahlzeit zu sich zu nehmen. Der Wind wurde hektischer, betätigte sich wie ein Vollzugsbeamter, der durch die Strafanstalt schleicht und an jeder Zellentür rüttelt, um zu prüfen, ob die vorgeschriebenen Verschlußmechanismen noch greifen. Weitab meinte er Donner zu hören, aber das war an sich unmöglich: Es gab ja keine Blitze zuvor, nur die Lichter der Nacht, die sich im Lichter- und Geisterzug vor ihm her bewegten. Er schloß die Augen und sah noch so viel, eherne Masken, verspielte Schatten, Farbstürze, tanzende Punkte, knatternde Fahnen; schlief er nun doch, den Überraschungsschlaf des Gerechten, dem man gleich die Aufwartung machen würde, oder wachte er, ein Wachtraum mit ungutem Ende. Es ist nicht schön, dachte er später in Berlin, ist nicht schön, wenn es eine große Freilichtbühne für die Wahrheit gibt und es doch so eingerichtet wird, daß sie zuvor der Probe bedarf, der Probe am lebenden Subjekt, das ein Modellbildner ist für die Gestalten des Wissens. Dachte er – und widersprach da seiner offiziell festgelegten Weltsicht, für die er längst Lob und Ruhm und – auch ein klein wenig Spott eingeheimst hatte. Der Regen setzte wieder ein, sorgte für Beruhigung. Auch der Wind beruhigte sich, er säuselte noch vor sich hin, wie in leisem Unmut; dann ist Hegel wohl doch noch eingeschlafen. In dieser Nacht, die ihm, unerwünschterweise, es waren Zugaben seiner kleinen Machtmusik, noch ein paar grelle Traumfetzen durch den inneren Bezirk jagte, sicherte er sich eine Gewißheit, auf die er bauen konnte: Die Welt kann gedacht werden, sie gleicht dem Ich, das sich erst abarbeiten, dann, wie zur Besinnung, selbst suchen muß. Eigentlich hatte er noch auf das Festkommittee gewartet, das ihm im Zuge des vereinigten Denkens seine Aufwartung machen wollte; es kam nicht, war unterwegs wohl aufgehalten worden. Er konnte es verschmerzen; daß man kehrtgemacht und sich eines Besseren besonnen hätte, kam ihm nicht in den Sinn. Warum auch. Es gibt keinen Besseren; wenn es sein muß, ist jeder gut genug.

14

Auf eine wilde Nacht folgt ein schmuckloser Tag, das muß so sein. Wer ständig ein Feuerwerk entzünden will, um Stimmung zu machen, hat seine Möglichkeiten bald verpulvert; eine gewisse Ökonomie der Vorratshaltung wird gewünscht, gerade auch im Alltag. Nach seiner Nacht der Nächte konnte Jena Hegel nicht mehr viel bieten; er sah noch Napoleon, wie er zur Stadt hinausritt, ein kleiner Mann hoch zu Pferde, dessen Bestimmung es war, Weltgeschichte zu machen. Das war lehrreich und erfreulich. Nicht so erfreulich, aber lehrreich ist das Geschenk, das ihm seine Wirtin hinterläßt; ihr hat er auf Dauer nicht so Widerstand geleistet, wie er es, im nachhinein, für richtig hielt: Einmal, nur ein einziges Mal, sind sie doch übereinander gekommen, was Folgen hat: Ein unehelicher Sohn wird geboren, an dem Hegel auch dann kein Genügen findet, als er sich, aus moralisch-rechtlichen Gründen, dazu veranlaßt sieht, nachgereichte Vaterliebe zu zeigen. Der uneheliche Sohn namens Ludwig paßt nicht in sein Konzept, und er zeigt es dem Vater durch anhaltende Quertreibereien. Er fügt sich nicht, nicht der Philosophie, nicht dem Leben; Ludwig Hegel, alleingelassen von denen, auf die es angekommen wäre, stirbt als Soldat in fernen Landen.

Unterdessen ist die Zeit seines Vaters gekommen, aber noch nicht ganz. Bevor Hegel, auch nach eigener Einschätzung, zum einflußreichsten deutschen Philosophen wird, muß er sich noch etwas gedulden. 1807 übernimmt er die Redaktion der *Bamberger Zeitung*, ein Jahr später wird er Rektor des Aegidiengymnasiums in Nürnberg. Dort beginnt er damit, die Philosophie zum faßlichen Lernstoff für alle zu machen – was seinem eigenen stilistischen Vermögen, das zuvor bereits durch die journalistische Tätigkeit zu verstärkter Anschaulichkeit angehalten worden ist, noch einmal zugute kommt. Zu einem eingängigen Philosophen wird Hegel deswegen nicht; es zeichnet sich jedoch ab, daß man seinem Denken mit größerer Aufmerksamkeit begegnet.

In Nürnberg trifft er, als er schon nicht mehr damit rechnet, auf die Liebe. Er war auf dem Wege, sich in sein Junggesellendasein einzuhausen, und lernt nun die zwanzigjährige Marie von Tucher kennen, Tochter des Nürnberger Senators Tucher von Simmelsdorf, von dem schon die Rede war. Hegel wandelt auf Freiersfüßen, er läßt die Philosophie Philosophie sein und wird erneut zum Dichter, was ihm zwar noch immer nicht liegt – was aber, damals wie heute, als sensibelstes Einsatzmittel gilt, um seinen Gefühlen Ausdruck zu verleihen. Seiner Braut

Marie widmet er die folgenden Verse: »AN MARIE, den 17. April 1811. -- Du mein! solch Herz darf mein ich nennen,/ In Deinem Blick/ Der Liebe Wiederblick erkennen,/ O Wonne, o höchstes Glück!/ – Wie ich Dich lieb', ich darf's jetzt sagen;/ Was in gepreßter Brust/ So lang geheim entgegen Dir geschlagen,/ Es werd', ich darf nun, laute Lust!/ – Doch armes Wort, der Lieb' Entzücken,/ Wie's innen treibt und drängt/ Zum Herz hinüber, auszudrücken/ Ist Deine Kraft beschränkt./ – Ich könnte, Nachtigall, Dich neiden/ Um Deiner Kehle Macht,/ Doch hat Natur die Sprache nur der Leiden/ Mißgünstig so beredt gemacht!/ – Doch wenn durch Rede sie dem Munde/ Der Liebe Seligkeit/ Nicht auszudrücken gab, zum Bunde/ Der Liebenden verleiht/ Sie ihm ein innigeres Zeichen;/ Der Kuß die tiefre Sprache ist,/ Darin die Seelen sich erreichen,/ Mein Herz in Deins hinüberfließt.«

Maries Vater traut dem Schuldirektor Hegel, dessen philosophischer Ehrgeiz in keiner Relation zu seinen Finanzverhältnissen steht, zunächst nicht über den Weg. Hegel hat Angst vor der eigenen Courage: dem Liebhaber Hegel kommt der Philosoph Hegel in die Quere. Er schreibt seiner Marie einen Brief, in dem er sich über die Unwägbarkeiten des Glücks verbreitet, die dazu führen könnten, daß der eine Mensch mehr, der andere weniger vom Glück abbekommt. Er selbst, das läßt er zwischen den Zeilen anklingen, hält sich für einen Menschen, um den das Glück einen Bogen machen könnte. Diese Andeutung bezieht Marie auf sich selbst und ist gekränkt, woraufhin Hegel einen Rückzieher macht und kleinlaut zugibt, daß er es mit dem Räsonieren manchmal etwas übertreibt. Er schreibt ihr zwei weitere Briefe, bittet um Verzeihung und verspricht, nichts mehr auf ihre Liebe kommen zu lassen: »Die Liebe ist nur unsere, nur diese Einheit, nur dieses Band … Laß uns fest an diesem Einen halten, daß auch nur meine Stärke, meine neue Lust des Lebens sein kann; laß dieses Vertrauen zum Grunde von allem liegen, so wird alles wahrhaft gut sein. – Ach! ich könnte noch so viel schreiben, auch von meiner vielleicht nur hypochondrischen Pedanterei, mit der ich so auf dem Unterschied von Zufriedenheit und Glück beharrte – der auch wieder so unnütz ist – daß ich Dir und mir bei mir selbst geschworen, daß Dein Glück mir das Teuerste sein soll, was ich habe …«

Nach den Umwegen über Bamberg und Nürnberg, wobei er sich immerhin sein Lebensglück einholt, denn die Ehe mit Marie von Tucher wird eine glückliche Ehe, schafft Hegel den endgültigen Sprung an die Universität: Er wird Professor in Heidelberg. Seine Beharrlichkeit, sein zähes Ringen um eine Philosophie, die kühn genug ist, Gott und die Welt vor der Spruchkammer des Geistes zusammenzuführen und zur bedachten Vertagung des irdischen Verfahrens anzuhalten, beginnt sich auszuzahlen. Vom Geheimtipp avanciert Hegel zum öffentlich genannten Hoffnungsträger; sein Denken gilt als die deutsche Antwort des Weltgeistes auf die Probleme der Zeit. Hegel legt an Selbstbewußtsein zu; seine Vortragskünste allerdings werden nicht unbedingt besser. Noch immer hockt er in sich versunken am Katheder, ringt mit den Worten, räuspert sich, legt Kunstpausen ein, gibt seinen Protokollanten manches Rätsel auf: Dem Begriff »Ebbes« etwa, den man aufschreibt, ist kein rechter Sinn zu unterlegen – bis sich herausstellt, daß es sich nur um die schwäbische Variante des Wortes »Etwas« handelt. Längst ist man auch anderweitig auf Hegel aufmerksam geworden. Ende 1817 erhält er einen Ruf an die Universität Berlin. Dieser Ruf ist nicht nur ehrenvoll, sondern auch mit beträchtlichen Erwartungen verbunden: Hegel soll da weitermachen, wo sein Vorgänger Fichte, der ein berühmter, wenngleich umstrittener Mann war, aufgehört hat. Das Gehalt, das man Hegel in Aussicht stellt, ist vergleichsweise großzügig bemessen; er wäre jedoch kein Schwabe, wenn er nicht einige Nachbesserungen, darunter ein Freiquantum Wein, wünschte, die ihm auch gewährt werden. So nimmt er denn den Ruf nach Berlin an und amtiert dort, bis zu seinem Tod, als führender deutscher Philosoph, dem das Kunststück gelingt, das gesamte Weltgeschehen zu einem einzigen philosophischen Paket zu schnüren, in dem alles untergebracht ist, was je bedacht und bestaunt wurde. Hegels Philosophie erhebt den Anspruch, Ausgangs- und Endpunkt des Weltgeistes zu sein; eine feinsinnige Ungeheuerlichkeit, die im Gewand der Biederkeit daherkommt und sich noch steigern läßt: Gott selbst soll sich in dieser Philosophie offenbaren. In der Vorrede von Hegels Hauptwerk, der *Wissenschaft der Logik*, heißt es: »Als Wissenschaft ist die Wahrheit das reine sich entwickelnde Selbstbewußtsein und hat die Gestalt des Selbsts, daß das an und für sich Seiende gewußter Begriff, der Begriff als solcher aber das an und für sich Seiende ist ... Die Logik ist sonach als das System der reinen Vernunft, als das Reich des reinen Gedankens zu fassen. Dieses Reich ist die Wahrheit, wie sie ohne Hülle an und für sich selbst ist. Man kann sich deswegen ausdrücken, daß dieser Inhalt die Darstellung Gottes ist, wie er in seinem ewigen Wesen vor der Erschaffung der Natur und eines endlichen Geistes ist ...«

Zu Hegels 56. Geburtstag widerfahren ihm, den man inzwischen als preußischen Staatsphilosophen ansieht, zahlreiche Ehrungen, die er gut gelaunt entgegennimmt. Am meisten freut er sich über Weinpräsente, damit kann man bei ihm nicht viel falsch machen. Unter den Gratulanten ist auch sein Schüler Förster: Er bringt ein Geburtstagsgedicht zum Vortrag, das arg lang, arg schlecht und arg komisch ist; selbst Hegel, der, wie wir wissen, nicht der größte Lyriker war, hat bessere Gedichte gemacht: »(...) Im Reich des Geist's übten sie frevelnde Tat:/ Siehe! da ward uns geboren ein Held, ein heiliger Georg,/ Dem es an Mut nie gebrach, dem es an Kraft nie gefehlt./ Auf dem geflügelten Roß des Gedankens ritt er zur Streitfahrt,/ Führte der Wahrheit Schild, führte des Glaubens Panier./ Und nie fehlte das Ziel sein wetterleuchtender Wurfspieß,/ Und mit dem Blitze des Schwerts traf sein durchdringendes Wort./ Also kündigte schon in frühen Jahren der Held sich/ An, als die Skeptiker ihm Schlangen des Zweifels geschickt./ ... Die Molche zerdrückt er, als wären es Göttinger Würste,/ Und von der Skepsis blieb leer nur die Schale zurück. –/ (...) Du erkanntest sie wohl und auf dialektischer Treibjagd/ Streiftest du ihnen das Fell über die Ohren herab.«

Danach blieb Hegel kaum mehr als der Tod. Als er am 14. November 1831 stirbt, wird Berlin von einer Cholera-Epidemie heimgesucht. Die Ärzte diagnostizieren »Cholera sicca«, also »Cholera in ihrer concentrirten Form« als Todesursache, aber in Wirklichkeit ist Hegel wohl an den Folgen eines chronischen Magenleidens gestorben, gegen das er, alle Gesundheitsempfehlungen souverän ignorierend, tapfer antrank und sich damit immerhin die Lebensfreude im Haus hielt. Der führende deutsche Philosoph wird zu Grabe getragen, und Hegels Gegner, die mit der Zeit, ebenso wie seine Schüler, immer mehr geworden sind, müssen zugeben, daß die Philosophie einen schweren Verlust erlitten hat. Bevor Hegel zu dem wurde, der er ist, hat er sich in einer Zwangsverschickung erst selbst finden müssen. Das geschah in den Berner Alpen, als er das massive Ungenügen eines »toten Gebirgs«

entdeckte, und in der Nacht von Jena, da er seinen Kopf hergab, um Welt, Geist und Ich zusammenzusperren. Hegel hat seiner Eigenzeit des Werdens und Reifens ein treues Andenken bewahrt; im Rückblick erschien sie ihm wie ein Gleichnis für die abgründige, aus der Nacht aufsteigende Selbstfindung, die jeder Mensch, ob er sich Philosoph nennen darf oder nicht, am eigenen Leib zu durchstehen hat. An seinen Kollegen Windischmann schreibt er: »Halten Sie sich für überzeugt, daß an Ihrem Gemütszustand ... jene Arbeit teil hat, dieses Hinabsteigen in dunkle Regionen, wo sich nichts fest, bestimmt und sicher zeigt, wo jeder Beginn eines Pfades wieder abbricht und ins Unbestimmbare ausläuft ... Ich kenne aus eigner Erfahrung diese Stimmung des Gemüts oder vielmehr der Vernunft, wenn sie sich einmal mit Interesse und ihren Ahnungen in ein Chaos der Erscheinungen hineingemacht hat und wenn sie, des Ziels innerlich gewiß, noch nicht hindurch, noch nicht zur Klarheit und Detaillierung des Ganzen gekommen ist. Ich habe an dieser Hypochondrie ein paar Jahre bis zur Entkräftung gelitten; jeder Mensch hat wohl überhaupt einen solchen Wendungspunkt im Leben, den *nächtlichen* Punkt der Kontraktion seines Wesens, durch dessen Enge er hindurchgezwängt und zur Sicherheit seiner selbst befestigt und vergewissert wird.«

15

Der Morgen kam. Das Dunkel löste sich auf, wurde durchsetzt mit fleckigem Grau. Von draußen kam es herein, aus den Schluchten der Stadt, vom Himmel hoch fiel es in die Berliner Wohnung, die er eigentlich doch abgeschottet hatte, für immer. Es war so weit. Lange, lange genug hatte ihm sein Leben, in dem das Denken für ihn arbeitete, wie ein treuer, wenngleich zuletzt immer verschrobener werdender Diener, Spaß gemacht. Nun wurde es ihm zur Last. Gott und die Welt hatte er sich, nach Maßgabe seiner Möglichkeiten, noch einmal neu ausgedacht, so daß er sie, in den ihm geneigten Stunden, für sein eigenes Werk halten konnte. Wie viele Nächte hatte er damit verbracht, einfach nur dazusitzen, zu trinken und dem trägen Gespräch zu lauschen, das in ihm war; jede Nacht, mit Abklang in die Tage hinein, ereignete sich die Wahrheit aufs neue. Und nun, da es fadenscheinig und hell wurde, an diesem merkwürdigen Morgen, bedauerte er zum ersten Mal, daß es nicht auf immer Nacht blieb. Er wollte aufstehen aus seinem Sessel, konnte es nicht, die Augen hielt er geschlossen. Da sah er, so als sollte ihm mit Hilfe des Schrägen noch einmal Mut gemacht werden für die letzte oder vorletzte Etappe, seine Beerdigung vor sich, ein großes, erheiterndes Ereignis; alle waren gekommen, manche weinten, manche nicht, er würde sich merken, wer da noch Tränen für ihn hatte und wer nicht, und nachdem unzählige Reden gehalten wurden, unter einem rußigen Winterhimmel, in dem sich noch immer schwarze Reste der Nacht zeigten, die nicht weichen wollte, sprach einer seiner Schüler, nicht der Beste, schon wieder ein Gedicht. »Und wenn sich die Gespenster wieder regen«, rief er mit seltsam dünner Stimme, »die längst Du in die Nacht zurückgebannt, wenn's wieder gilt, den Tempel rein zu fegen, den Du dem Dienst des Lichtes zugewandt: Dann sei Dein Geist mit seinen Flügelschlägen und des gewissen Sieges Unterpfand, Du aber schlürfe fort in sel'ger Klarheit, ein *Geistesfürst*, den Kelch der ew'gen Wahrheit.«

Da war es denn endgültig genug. Langsam erhob sich der Philosoph aus seinem Sessel. Gebeugt ging er ans Fenster, ging wieder zurück. Wer ihn kannte, hätte feststellen müssen, daß er gealtert war in dieser Nacht. Er sah aus wie ein etwas verwirrter älterer Herr, der erfahren hat, daß die Zeit der Selbstversorgung vorbei ist und er unter Pflege gestellt wird.

16

Diese Pflege meinte es allerdings nicht nur gut mit ihm. Hegels Nachfolger hatten das bessere Wissen auf ihrer Seite, das haben alle Nachfolger, bis sie selbst abgelöst werden und andere Nachfolger bereit stehen, die es noch besser wissen. Wo das hinführt, wollen wir uns nicht ausmalen. Einer der Philosophen, die es gut mit Hegel meinten, war Ernst Bloch, der frohgemut ausrief: »Hegel verleugnete die Zukunft, keine Zukunft wird Hegel verleugnen!« Das war schön gesagt, zweifellos, brachte aber nicht viel, denn so ganz modern ist Hegel ab einem bestimmten Zeitpunkt nicht mehr gewesen, und auch dem Kollegen Bloch, der sich mit Karl Marx einen Kronzeugen ins Haus holte, den er eigentlich nicht brauchte, wurde irgendwann die breite Zustimmung entzogen, auf die er zu Zeiten der Studentenbewegung, die aber auch schon Geschichte ist, noch zählen durfte. Überdies gab es nicht nur philosophische Kritik an Hegel, für die man gar nicht so schlau sein mußte, sondern man begann sich auch an seinem recht ereignislosen Leben zu reiben, in dem man gesundheitspolitisch bedenkliche Triebkräfte am Werk sah. So fand etwa Hegels »beträchtlicher Weinkonsum«

Mißbilligung; man zählte die Flaschen, die er im Laufe seines Lebens geleert hatte, und kam dabei auf Zahlen, an denen die gerade amtierenden Suchtbeauftragten Anstoß nehmen mußten. Sie sahen sich dabei von einem unangenehmen Autor namens Julius Engelhard unterstützt, der es sich, auch wohl in Ermangelung eigener Erfolge, zur Spezialität gemacht hatte, so lange im Leben berühmter Dichter und Denker herumzuschnüffeln, bis er Bedenkliches zutage förderte, das sich im nachhinein höhnisch kommentieren ließ. Bekannt wurde Engelhard, der sich, wie wir heute wissen, auch an Hegel und Beethoven vergreifen wollte, mit dem Buch *Weimarer Wahn,* in dem er sich über die Trinkgewohnheiten Johann Wolfgang Goethes ausließ, der anscheinend noch mehr als Hegel vertragen konnte und deswegen auch deutlich älter geworden ist. »Goethe«, schrieb Engelhard, den wir hier, aus gegebenem Anlaß, leider etwas ausführlicher zu Wort kommen lassen müssen, »Goethe wurde eher leichtfertig zu unserem größten Dichter ausgerufen und hat diesen Ruf bis heute mühelos verteidigt. Das lag auch daran, daß er ein Kind des Glücks gewesen ist, das sich davon nichts abhandeln ließ. Dazu paßte es, daß Goethe seine Schwächen in diesem Glück mit aufgehen ließ, und so erschien er durchweg, sieht man von einigen Unfreundlichkeiten ab, die aus der Peripherie gegen ihn abgeschossen wurden, als der makellose, breit über allem Ungemach hingelagerte Universalgeist, der seinen Glanz direkt von oben, aus dem eigens über ihm aufgehängten Himmel, bezog. Goethes Leben glich einer Glückssträhne, die nicht reißen wollte, weil sie nicht reißen konnte. Keiner mochte da genauer hinschauen, keiner mochte hinterfragen, was nicht fragwürdig sein durfte. So fiel nicht auf, daß der Dichter ein Trinker war, der sich so sehr in Übung getrunken hatte, daß die typischen Symptome nicht mehr auffällig wurden: das Zittern der Hände, der spähende, lauernde Blick, die manchmal knödelige Sprache, das enorme Schlafbedürfnis, dem er, listiger- und versierterweise, den Anschein konzentrierter Nachdenklichkeit verlieh, so daß er auf seine ehrfürchtigen Betrachter nicht schläfrig wirkte, sondern allenfalls grüblerisch und tief versonnen; schließlich die Aussetzer, die der Universalgeist hinnehmen mußte, weil es auf einmal hakte in seinem Universalgeist und er nicht weiterwußte inmitten eines vor Zuhörerschaft ausgetragenen Selbstgesprächs, was aber stets nur als bedeutungsvolle Gedankenpause gewertet wurde, die man gefälligst nutzen sollte, um sich, auf deutlich niedrigerem Niveau, Klarheit zu verschaffen über das gerade Gehörte. Und, als allerwichtigstes Indiz, eine Gepflogenheit des Dichters, für die er, wie für so vieles andere, bekannt wurde: Seine Gewohnheit, diversen Sekretären zu diktieren und nicht mehr eigenhändig zu schreiben. Ja, hat man denn nicht bemerkt, daß er vorwiegend nur aus einem einzigen Grund diktierte? Weil die Hand längst zu zittrig war, um ordentliche Buchstaben aufs Papier zu bringen.

Die Schreiberlinge, die er beschäftigte, hatten schwere Arbeit zu leisten – allen voran der fähigste unter ihnen, ein genialischer Mann namens August Friedrich John, der aus den vom Suff eingefärbten und somit immer undeutlicher werdenden Bekundungen seines Herrn und Meisters ungeahnte Dinge heraushörte und sie oft genug so eigenständig verarbeitete, daß er schließlich zu einer Art Ghostwriter wurde, dem der Ruhm, der ihm eigentlich gebührt, bis zum heutigen Tag vorenthalten wird. Von 1814 bis 1832 amtierte John als Goethes Sekretär und Schreiber, und als solcher ist er in die Annalen eingegangen. Daß er möglicherweise aber mehr war als die Schrift gebende Hand eines Herrn, der die eigene Hand nicht mehr ruhig halten konnte, und im Grunde für einen bislang unbekannten Anteil an Goethes Spätwerk geradestehen müßte, wird nicht zur Kenntnis genommen. Überspitzt gesagt: Solange wir nicht herausgefunden haben, wo Johns Schaffen beginnt und das seines Meisters endet, gleicht die gesamte Goethe-Philologie einem von Grund auf verseuchten Trümmerfeld, das ohne Prüfverfahren als Schrebergartenareal ausgewiesen wurde und nun mit den Bodendeckern deutscher Kleingärtnerei überwuchert ist.

Ja, ein Trinker war er, unser Goethe, auf den niemand etwas kommen lassen will; ein Trinker, der früh zu trinken begann – nicht weil er irgend etwas wegschwemmen wollte oder weil er sich hätte Linderung verschaffen müssen von seelischem Leid. Nein, er trank, weil es ihm

Spaß machte und weil es ihm schmeckte; so einfach ist das letztlich gewesen, was beispielsweise auch für den berühmten Philosophen G.W.F. Hegel galt, den Goethe schätzte, obwohl oder gerade weil er von seinen manchmal etwas hermetisch anmutenden Schriften nur das Nötigste verstand, und auch das nicht richtig. Nimmt man die uns überlieferten Daten, dann hat Goethe mindestens dreieinhalb Liter Wein am Tag verkostet: Über die Jahre, Jahrzehnte kam da in einem hochgemuten Dichterleben einiges zusammen, bei vorsichtiger Schätzung mehr als fünfundsechzigtausend Liter Wein, die, wären sie auf Vorrat geordert und eingelagert worden, eine beträchtliche Kellererweiterung, ja womöglich die komplette Untertunnelung des Goethe-Hauses am Weimarer Frauenplan erfordert hätten.

Den Wein hat er denn auch gepriesen, seinem Stande gemäß, wobei er es nicht nötig hatte, ihn unentwegt zu loben, dazu war er ihm viel zu sehr zur Gewohnheit geworden. Nein, er hat von Zeit zu Zeit Auskunft gegeben, und von wackeren Goethe-Kennern sind an die zwanzig Textstellen gezählt worden, die sich speziell dem Weine widmen. Sie an dieser Stelle allesamt auflisten zu wollen, würde zu weit führen; einige wenige Zitate mögen genügen, um die Atmosphäre zufriedener Behaglichkeit und trunkenen Brütens anklingen zu lassen, die der Dichterfürst so sehr schätzte. ›Daß aber der Wein von Ewigkeit sei‹, heißt es beispielsweise im *West-östlichen Divan* und dort passenderweise im sogenannten Schenkenbuch, ›daß aber der Wein von Ewigkeit sei / Daran zweifl' ich nicht; / Oder daß er von Engeln geschaffen sei / Ist vielleicht auch kein Gedicht. / Der Trinkende, wie es auch immer sei / Blickt Gott frischer ins Angesicht.‹ In einer Tagebuchaufzeichnung lesen wir: ›Ohne Wein kann's uns auf Erden / Nimmer wie dreihundert werden / Ohne Wein und ohne Weiber / Hol der Teufel unsre Leiber.‹ Und im kraftmeiernden *Götz* steht: ›Wenn ihr Wein getrunken habt, seid ihr alles doppelt, was ihr sein wollt, noch einmal so leicht denkend, noch einmal so unternehmend, noch einmal so schnell ausführend.‹

Goethe der Große also konnte einiges vertragen, wobei uns aus seiner reichlich dokumentierten und hagiographierten Existenz keine Nachrichten über eventuelle, dem Suff geschuldete Ausfälligkeiten vorliegen: Der Dichter hat nicht gepöbelt und randaliert, er ist vermutlich nur selten vom Hocker gefallen, und er hielt es für unter seiner Würde, seinem steigenden Alkoholpegel durch das Absingen schmutziger Lieder Erleichterung zu verschaffen.

Was die Kunst des Trinkens angeht, die Goethe in einer Weise verinnerlichte, daß er sie nicht mehr als Besonderheit oder auch nur ansatzweise als Schwäche beschrieben wissen wollte, so lesen sich manche seiner betont biedermännischen Bekundungen wie subtile Ironie: In einem Brief an den einzigen und prompt mißratenen Sohn August schreibt Goethe am 3. Juni 1808:

›Wir leben nach unserer alten Weise still und fleißig, in allem mäßiger als vorm Jahre, besonders auch was den Wein betrifft; wobei mir denn lieb ist, aus Deinem Brief zu sehen, daß Du Dich auch vor diesem so sehr zur Gewohnheit gewordenen Getränk in Acht nimmst, das mehr als man glaubt einem besonnenen heitern und tätigen Leben entgegen wirkt.‹ Was soll man zu solchen Äußerungen sagen? Sohn August jedenfalls, der seinen Alkoholismus vom Vater bezog, hat sie vermutlich, sofern er denn einigermaßen nüchtern war, als Bekundung des Hohns lesen müssen. Ausgerechnet der Vater, diese alles überstrahlende Lichtgestalt, die Goethe junior kaum je ohne Glas in der Hand angetroffen haben dürfte, predigt dem armen August Wasser statt Wein. Das Schicksal hat es denn auch mit dem Sohn weniger gut als mit dem Vater gemeint. August hätte über seinem Leben eine Sentenz plazieren können, die man heutzutage in Fuß-ballerkreisen bemüht, wenn dürftige Leistungen erklärt werden sollen: Erst hatte ich kein Glück, und dann kam auch noch Pech dazu. Beruflich brachte er, trotz dezenter väterlicher Protektion, nichts Rechtes zustande; seine Ehe mit der zur Zickigkeit neigenden Ottilie von Pogwisch, auf der sein Vater, als ehemaliger Charmeur, gern die vom Suff geröteten Äuglein ruhen ließ, entwickelte sich zu einer zähen und unfrohen Unternehmung, in der die Gehässigkeiten überwogen. Konnte man unter solchen Vorzeichen erwarten, daß August zum Abstinenzler und

Trockenschwimmer wurde? Nein, es wäre zu viel verlangt gewesen. Der Sohn blieb, was er bleiben mußte: ein ungenügendes Abziehbild seines Vaters. Es gab keinen Ort, nirgends, an dem er sich frei kämpfen konnte, und das Grundnahrungsmittel der Familie Goethe, der Wein, bescherte ihm keine enthusiasmierenden Höhenflüge, wohl aber die deprimierenden Spätfolgen des gewöhnlichen Suffs. Auch die Mutter vermochte keine entscheidenden Gegengewichte zu setzen: Christiane Goethe geb. Vulpius schluckte selber gern, sie war da sogar weniger wählerisch als ihr Gatte und verschmähte auch Schnäpse nicht, die er allenfalls unter verdauungstherapeutischen Gesichtspunkten gelten ließ. Daß sich schließlich auch die Schwiegertochter den Gewohnheiten im Hause Goethe fügte, kann nicht verwundern: Ottilie becherte mit, und von ihr hieß es verschämt, sie habe in ihrer Trinkfestigkeit etwas unter dem Familienstandard gelegen, weswegen sie auch gelegentlich ausfällig geworden sei …«

17

So weit die Ausführungen des Autors Julius Engelhard, der sich eines Tonfalls befleißigt, den man heute nicht ungern hört, weil es der Tendenz unserer Zeit entspricht, große Geister kleinzureden und sie einer Auffassungsgabe zuzuführen, die das Mittelmäßige zum Maßstab aller Dinge macht. Wir haben Engelhard auch deswegen so ausführlich zu Wort kommen lassen, um eine Arbeitsweise vorzuführen, die sich objektiv gibt, in Wahrheit aber auf Häme und nachgereichte Mißgunst aus ist. Allerdings, und das empfinden wir nur als gerecht, hat der Erfolg diesen Autor so schnell wieder verlassen, wie er gekommen ist; ja, er wandte sich von ihm ab, indem er ihn kurzerhand von der Bildfläche verschwinden ließ. Engelhard, der Wohnsitz in Weimar nahm und, wie wir heute wissen, in seinem verkorksten Leben drei Tagesinhaftierungen und zwei Entziehungskuren hinter sich brachte, kam eines schönen Tages nicht mehr von einem Spaziergang im Park an der Ilm zurück; seither ist er verschollen, was auch hoffentlich so bleiben wird, denn im Nachlaß dieses Mannes fanden sich vorbereitende Notizen zu seinem nächsten Buch, das den Philosophen Hegel aufs Korn nehmen sollte und den bezeichnenden Titel *Der Geist aus der Flasche* trug. In den Aufzeichnungen, die in Engelhards versifften Schubladen gefunden wurden, stand zu lesen: »Hegel, Trunkenbold wie Goethe, dabei vielleicht eine Spur gemäßigter. Oder sollte man sagen: philosophisch geläuterter? Hegels Weinkonsum ist in den Winkeln und Nischen seines ungeheuerlichen, im Grunde blasphemischen Systems versickert … Dennoch: Daß Hegel ein großer Trinker war, konnte nicht unbemerkt bleiben: die Zeitgenossen nahmen davon Notiz, wagten sich jedoch nicht aus der Deckung. Zu wuchtig stand ihnen die gedrungene Figur des preußischen Staatsphilosophen entgegen, zu fest gefügt erschien der Ruf, den er sich, mit viel Durst und schwäbischer Beharrlichkeit, erarbeitet hatte. Es blieb zunächst bei Andeutungen. So heißt es etwa in einem Brief des Hegel-Schülers E. Gans: ›Zu Tisch zog er sich immer sehr sorgfältig an … Er schöpfte sich immer seinen Teller schrecklich voll Speisen, die er aber meistens liegen ließ, was der Hausfrau immer das unbehagliche Gefühl hervorrief, als sei ihm nichts gut genug zubereitet. Anders beim Weine, da konnte er ganz fürchterlich viel trinken, und man machte ihm zu Gelegenheiten eine große Freude mit dem Geschenk eines Fäßchens Wein.‹ Der philosophierende Maler Ludwig Grimm, der Hegel in Berlin besuchte, notierte: ›Da sah ich dann also von Kopf bis Fuß den berühmten Mann. Er war nicht groß, aber gut proportioniert, hatte einen kleinen Philosophenbauch und war schwarz angezogen, reichte uns die Hand und war sehr freundlich, sprach indes eigentümlich langsam. Sein Gesicht war von Tisch, wo er dem roten Sauvignon gehörig zugesprochen hatte, ganz rot.‹ Und Karl Eduard Holtei, unter den damaligen Schriftstellern eher als Lästermaul bekannt, zeigte sich so beeindruckt darüber, von Hegel zwei-, dreimal empfangen worden zu sein, daß er nicht undankbar sein wollte und als Fazit festhielt: ›Der Alte sprach viel und trank nicht wenig, manchmal sprach er auch nicht wenig und trank viel …‹ Ein Hegel-Biograph, der dem Philosophen durchaus wohlgesonnen war, schrieb über dessen Trinkgewohnheiten vergleichsweise nüchtern: ›Der Weinkonsum im Hegelschen Haus war nicht unbeträchtlich; in den ersten Monaten des Jahres notiert Hegel alle paar Tage die Anschaffung einiger *Bout. Wein.* Später läßt er quartweise Wein kommen und bezieht schließlich auch Fässer zu *50 Quart.* Im Januar 1823 waren es laut Haushaltsbuch, das aber den Mut zur Lücke hatte, *19 Bout.,* im Februar *17,* im März *4 Bout. und 18 Quart,* im April *13 Quart und ein Faß zu 50 Quart.* Im Durchschnitt war der Preis für die Flasche *18 Gr.*; zuerst sind besondere Sorten nicht vermerkt außer *Cahors,* sonst heißt es *Wein, roter Wein* und einmal *Rheinwein.* Im Mai gibt es dann noch *25 Bout. Madeira* und *51 Bout. Haut Sauterne.* Während des übrigen Jahres geht es ähnlich weiter, aber es ergeben sich noch Steigerungen im Konsum …‹«.

Hier enden Engelhards Notizen zu Hegel, wofür man dankbar zu sein hat. Der Autor ist, wie gesagt, bis heute verschwunden, was keiner bedauert. Eigentlich könnten damit alle zufrieden sein, besonders Goethe und Hegel, aber kürzlich wurde leider nachgetreten: Ein entbehrlicher Germanist, der nichts Besseres zu tun hatte, kramte noch einmal in Engelhards Schubladen und entdeckte dort das folgende Gedicht:

HEGEL & HEGEL
Abends sieht er grundsätzlich abends
Doppelt der Geist, die befleckte Breit
Wand, der alte Gurken Hobel Schwarten
Bücher zu einem einzigen Belesenheits
Fresko zusammen geschoben, im Schlaf
Zimmer ratzt die Frau, treue Seele, fast
Nie ein unfreundliches Wort gehört von ihr, ach
Schaut auf zu ihrem Herrn und Meister der
Jetzt auch die dritte Weinflasche doppelt
Sieht sechs Flaschen schon auf zwei Tischen
Abends ist nicht morgens, der Tag ist nicht die
Nacht. Im Grunde hat er den Wein und den Geist
Sonst nichts, der Mensch ist denkendes Vieh, er
Weint ein wenig, Georg Wilhelm Friedrich
Hegel berühmter besoffener Philosoph abends
Sieht er grundsätzlich abends doppelt auch die
Schrift so liegt darin dieses, hat er geschrieben

Daß die Gegenstände die äußere und die innere
Natur überhaupt das Objekt, wie es an sich sei, so
Sei wie es als Gedächtnis wie es als Gedächtnis ist.

Als Hegel in seiner Ruhestätte, die eigentlich gut ab-
gehoben und gesichert ist, davon versehentlich Kenntnis
erhielt, dachte er nur: Empörend! Wenn er noch unter
den Lebenden geweilt hätte, wäre er wohl einer seiner
liebsten Gewohnheiten gefolgt und hätte, in unfreund-
lichem Gedenken an die Schreiberlinge dieser Welt, ein
weiteres Fläschchen geleert.

Wohlsein.

Epilog

Es ist in mir. Durch die Nacht mit Hegel

»Die Nacht enthält die sich auflösende Gärung und den zerrüttenden Kampf aller Kräfte, die absolute Möglichkeit von Allem, das Chaos, das nicht eine seiende Materie ist, sondern eben in seiner Vernichtung alles enthält. Sie ist, wie der Wein, die Mutter, die Nahrung von Allem ... Der Schauer der Nacht ist das stille Beben und Regen aller Kräfte.«

»Alles, was im Himmel und auf Erden geschieht, ewig geschieht, das Leben Gottes und alles, was zeitlich getan wird, strebt nur danach hin, daß der Geist sich erkenne, sich selber gegenständlich mache, sich finde, für sich selber werde, sich mit ihm zusammenschließe ...«

»Die Weltgeschichte zeigt nur, wie der Geist allmählich zum Bewußtsein und zum Wollen der Wahrheit kommt: es dämmert in ihm; er findet Hauptpunkte, am Ende gelangt er zum vollen Bewußtsein. Dabei hilft ihm der Wein.«

»Der Gegenstand, der das Wesentliche sein sollte, ist das Unwesentliche der sinnlichen Gewißheit ... Ihre

Wahrheit ist in dem Gegenstand, als *meinem* Gegenstand, oder im Meinen, er ist, weil Ich von ihm weiß … Was im Hier und Jetzt absinkt, ist im Wein, was aber nicht verschwindet, ist Ich als Allgemeines.«

»Indem ich sage Ich, dieser einzelne Ich, sage ich überhaupt: alle Ich, jeder ist das, was ich sage: Ich, dieser einzelne Ich.«

»Etwas allgemein machen, heißt, es denken. Ich ist das Denken und ebenso das Allgemeine. Wenn ich Ich sage, so lasse ich darin jede Besonderheit fallen, den Charakter, das Naturell, die Kenntnisse, das Alter. Ich, vom Wein befeuert, ist ganz leer, punktuell, einfach, aber tätig in dieser Einfachheit.«

»Der Geist ist ein trotz seiner Einfachheit in sich Unterschiedenes; denn Ich setzt sich selbst sich gegenüber, macht sich zu seinem Gegenstande und kehrt aus diesem, allerdings erst abstrakten, noch nicht konkreten Unterschiede zur Einheit mit sich zurück. Dies Bei-sichselbstsein des Ich in seiner Unterscheidung ist die Unendlichkeit oder Idealität desselben.«

»Was wir Seele und näher Ich heißen, ist der Begriff selbst in seiner freien Existenz. Er ruht in sich, gerät aber außer sich in der Trunkenheit.«

»Erst das bewußte Ich ist das einfach Ideelle, welches als für sich selber ideell, von sich als dieser einfachen Einheit weiß, und sich deshalb eine Realität gibt, die keine nur äußerlich sinnliche und leibliche, sondern selbst ideeller Art ist.«

»Das Naturschöne erscheint nur als ein Reflex des dem Geiste angehörigen Schönen, als eine unvollkommene, unvollständige Weise, die ihrer Substanz nach im Geiste selber enthalten ist. Im Weinglas spiegeln sich müde oder beseligte Gesichter, keine breit aufgestellten Bergwände.«

»Die Natur hat sich als die Idee in der Form des Andersseins ergeben ... Die Natur ist der sich entfremdete Geist.«

»Das Ziel der Natur ist, sich selbst zu töten, und ihre Rinde des Unmittelbaren, Sinnlichen zu durchbrechen, sich als Phönix zu verbrennen, um aus dieser Äußerlichkeit verjüngt als Geist hervorzutreten ... Die Gestalten der Natur sind nur Gestalten des Begriffs.«

»Die Natur ist vom Geiste gesetzt – und dieser das absolut Erste.«

»Die Einheit des Menschen mit der Natur ist ein beliebter wohlklingender Ausdruck, richtig gefaßt heißt er die Einheit des Menschen mit *seiner* Natur. Seine wahrhafte Natur aber ist die Freiheit, die freie Geistigkeit … Sie jeden Tag aufs Neue zu begehen, bedarf es des Weines.«

»Die Natur ist, wie sie ist, und ihre Veränderungen sind deswegen nur Wiederholungen, ihre Bewegungen nur ein Kreislauf.«

»Die Naturschönheit ist nur schön für Andere, d.h. für uns, für das die Schönheit auffassende Bewußtsein, das aber noch Schöneres kennt.«

»Es erhellt, daß die Dialektik der sinnlichen Gewißheit nichts anderes als die einfache Geschichte ihrer Bewegung oder ihrer Erfahrung, und die sinnliche Gewißheit selbst nichts anderes als nur diese Geschichte ist.«

»Wird von etwas weiter nichts gesagt, als daß es ein wirkliches Ding, ein äußerer Gegenstand ist, so ist es nur als das Allgemeinste, und statt ein Unmittelbares zu wissen, nehme ich wahr.«

»Das Bewußtsein überhaupt ist die Beziehung des Ich auf einen Gegenstand, es sei ein innerer oder äußerer … Das Ganze, was im Wissen vorhanden ist, ist nicht nur der Gegenstand, sondern auch Ich, der weiß und die

Beziehung meiner und des Gegenstandes aufeinander: das Bewußtsein. Ihm nach und voraus ist der Geist des Weines.«

»Die Lehre vom Bewußtsein … ist die Phänomenologie des Geistes.«

»Am Bewußtsein des Lebens aber zündet sich das Selbstbewußtsein an.«

»Indem ich dies Sein als ein gegen mich Anderes und zugleich mit mir Identisches setze, bin ich Wissen und habe die absolute Gewißheit meines Seins. Im Wein wird sie nicht weniger gewiß, aber weicher.«

»Das Ziel des Geistes als Bewußtsein ist, diese seine Erscheinung mit seinem Wesen identisch zu machen, die Gewißheit seiner selbst zur Wahrheit zu erheben.«

»In der Trunkenheit vor der Ermattung erhebe ich mich denkend zum Absoluten über alles Endliche und bin unendliches Bewußtsein, und zugleich bin ich endliches Selbstbewußtsein, und zwar nach meiner ganzen empirischen Bestimmung: Beides sowie ihre Beziehung, ist für mich.«

»Bewußtsein ist dieser Prozeß, nicht im Natürlichen stehen zu bleiben …, wodurch ihm das Allgemeine zum Gegenstand, zum Zweck wird.«

»Nicht nur im Wein werden die Gedanken flüssig, indem das reine Denken, diese innere Unmittelbarkeit, sich als Moment erkennt, oder indem die reine Gewißheit seiner selbst von sich abstrahiert … Durch diese Bewegung werden die reinen Gedanken Begriffe und sind erst, was sie in Wahrheit sind, Selbstbewegungen, Kreise, das was ihre Substanz ist, geistige Wesenheiten.«

»Das Verständige bleibt bei den Begriffen in ihrer festen Bestimmtheit und Unterschiedenheit von anderen stehen; das Dialektische zeigt sie in ihrem Übergehen und ihrer Auflösung auf; das Spekulative oder Vernünftige erfaßt ihre Einheit in ihrer Entgegensetzung oder das Positive in der Auflösung und im Übergehen, das zur Trunkenheit führt, sich dort aber nicht dauerhaft setzt.«

»Diese Existenz ist nicht ein ruhendes, identisches Sein, sondern schlechthin Entstehen, Veränderung, Vermittelung mit anderem, aber die in sich zurückkehrt. Die Lebendigkeit des Lebendigen ist im Wein und, sich entstehen zu machen.«

»Das Kindesalter ist die Zeit der natürlichen Harmonie, des Friedens des Subjekts mit sich und mit der Welt – der ebenso gegensatzlose Anfang, wie das Greisenalter das gegensatzlose Ende ist, dem sich auch mit noch mehr Trinken nichts abgewinnen läßt.«

»Die wirkliche Welt ist ein festes, in sich zusammenhängendes Ganzes von Gesetzen und das Allgemeine bezweckenden Einrichtungen; die Einzelnen gelten nur, insoweit sie diesem Allgemeinen sich gemäß machen und betragen, und es kümmert sich nicht um ihre besonderen Zwecke, Meinungen und Sinnesarten. In dieses System der Allgemeinheit sind aber zugleich die Neigungen der Persönlichkeit, die Leidenschaften der Einzelheit und das Treiben der materiellen Interessen verflochten; die Welt ist das Schauspiel des Kampfs beider Seiten miteinander und wird verflüssiget im Weine.«

»Bewußtsein ist einerseits Bewußtsein des Gegenstands, andererseits Bewußtsein seiner selbst; Bewußtsein dessen, was ihm das Wahre ist und Bewußtsein seines Wissens davon. Indem beide für dasselbe sind, ist es selbst ihre Vergleichung; es wird für dasselbe, ob sein Wissen von diesem Gegenstande diesem entspricht oder nicht … Entspricht sich in dieser Vergleichung beides nicht, so scheint das Bewußtsein sein Wissen ändern zu müssen, um es dem Gegenstand gemäß zu machen; aber in der

Veränderung des Wissens ändert sich ihm in der Tat auch der Gegenstand selbst.«

»Gott, zur Natur geworden, hat sich ausgebreitet in die Pracht und den stummen Kreislauf der Gestaltungen, wird sich der Expansion, der verlorenen Punktualität bewußt und ergrimmt darüber. Der Grimm ist diese Bildung, dies Zusammennehmen in den leeren Punkt. Er findet sich als solchen, und sein Wesen ausgeschüttet in die ruh'- und rastlose Unendlichkeit, wo keine Gegenwart, sondern ein wüstes Hinausfahren über die Grenze ist, die immer wird, wie sie aufgehoben ist. Dieser Grimm, indem er dies Hinausfahren ist, ist die Zerstörung der Natur. Das über die Gestaltungen Hinausgehen ist eben so ein absolutes Gehen in sich selbst, ein Werden zum Mittelpunkt. In diesem frißt der Grimm seine Gestaltungen in sich hinein. Ihr ganzes ausgedehntes Reich muß durch diesen Mittelpunkt hindurch … Das Individuum ist nichts darin. Es geht nicht unter, sondern ist untergegangen oder treibt noch schauend und trachtend auf der Spiegelfläche des Weines, und jene Anschauung muß noch einen zweiten Prozeß durchgehen, um absolut zu sein.«

»Einmal lege ich den Akzent auf mein empirisches endliches Bewußtsein und stelle mich der Unendlichkeit gegenüber; das andere Mal schließe ich mich von ihr aus, verdamme mich, gebe dem unendlichen Bewußtsein das

Übergewicht ... Es sind nicht die Säulen des Herkules, die sich hart gegenüberstehen. Ich bin, und es ist in mir für mich dieser Widerstreit und diese Einigung; ich bin mir selbst als unendlich gegen mich als endlich, und als unendliches Bewußtsein gegen mich, mein Denken, Bewußtsein als unendlich bestimmt. Ich bin das Gefühl, die Anschauung, die Vorstellung dieser Einigkeit und dieses Widerstreites und das Zusammenhalten der Widerstreitenden, die Bemühung dieses Zusammenhaltens und die Arbeit des Gemüts, dieser Entgegensetzung Meister zu werden ... Ich bin der Kampf, denn der Kampf ist eben dieser Widerstreit, der nicht Gleichgültigkeit der beiden als verschiedener, sondern das Zusammengebundensein beider ist. Ich bin nicht einer der im Kampfe Begriffenen, ich bin beide Kämpfenden, ich bin der Kampf selbst und werde darüber trunken.«

»Nacht des Trunkenen, Nacht der Aufbewahrung. Dies Bild gehört ihm an, seinem einfachen Selbst; aber das Einfache hat keinen Unterschied, so auch hier: Es ist ihm als Ununterschiedenem. Er ist im Besitz desselben, er ist Herr darüber. Es ist in seinem Schatze aufbewahrt, in seiner Nacht. Es ist bewußtlos, d.h. ohne als Gegenstand vor die Vorstellung herausgestellt zu sein. Der Mensch ist diese Nacht, dies leere Nichts, das alles in ihrer Einfachheit enthält, ein Reichtum unendlich vieler Vorstellungen, Bilder, deren keines ihm gerade einfällt oder die nicht als gegenwärtige sind. Dies [ist] die Nacht – das Innre der Natur, das hier existiert – reines Selbst. Wenn es der Wein gar zu toll treibt, wirft er phantasmagorische Vorstellungen hervor, ringsum Nacht; hier schießt dann ein blutig[er] Kopf, dort ein[e] andere weiße Gestalt plötzlich hervor und verschwinden ebenso. Diese Nacht erblickt man, wenn man dem Menschen ins verfluchte Auge oder auch zu lange ins Weinglas blickt – in eine Nacht hinein, die furchtbar wird; es hängt die Nacht der Welt hier einem entgegen ... In dieser Nacht ist das Sei-ende zurückgegangen, aber die Bewegung dieser Macht ist gesetzt ... Ich muß mich in mir festhalten, muß mich anschauen als dieses Ordnende, auch wenn es abgesunken ist, muß mich behalten in meiner Nacht als Dienstbarer, bis der neue Morgen graut.«

Literatur

Das vorliegende Buch hat manche Anregung erfahren, darunter auch solche, die sich in früheren Arbeiten des Verfassers finden (Sofies Lexikon 1997; Weimarer Wahn 1999; Das verborgene Heimweh 2004). Allen Beteiligten sei gedankt.

Georg Wilhelm Friedrich Hegel, Jenaer Realphilosophie. Die Vorlesungen von 1805/06. Hg. v. Johannes Hoffmeister. Hamburg 1967

Georg Wilhelm Friedrich Hegel, Sämtliche Werke (Jubiläumsausgabe) in 20 Bde., mit einer Hegel-Monographie und einem Hegel-Lexikon. Hg. v. Hermann Glockner. Stuttgart 1957 ff.

Karl Rosenkranz, Georg Wilhelm Friedrich Hegels Leben, Berlin 1844 (Reprografischer Nachdruck). Darmstadt 1977

Hegel in Berichten seiner Zeitgenossen. Hg. v. Günther Nicolin. Hamburg 1970

Rudolf Haym, Hegel und seine Zeit. Berlin 1857

Briefe von und an Hegel (4 Bde.). Herausgegeben von Johannes Hoffmeister. Hamburg 1952

J. Klaiber, Hölderlin, Hegel und Schelling in ihren schwäbischen Jugendjahren. Stuttgart 1877

Ernst Bloch, Subjekt – Objekt. Erläuterungen zu Hegel. Frankfurt a. M. 1971

© 2011 Klöpfer und Meyer, Tübingen.
Alle Rechte vorbehalten.
ISBN 978-3-86351-017-6

Lektorat: Petra Wägenbaur, Tübingen.
Umschlaggestaltung: Christiane Hemmerich
Konzeption und Gestaltung, Tübingen.
Herstellung: Horst Schmid, Mössingen.
Satz: Alexander Frank, Ammerbuch.
Druck und Einband: Pustet, Regensburg.

Mehr über das Verlagsprogramm von Klöpfer & Meyer
finden Sie unter: *www.kloepfer-meyer.de*

Hermann Bausinger
Seelsorger und Leibsorger
Essays über Hebel, Hauff, Mörike,
Vischer, Auerbach und Hansjakob
2., überarbeitete und
erweiterte Neuauflage,
160 Seiten und
sechs sw-Abbildungen,
gebunden mit Schutzumschlag

Mens sana in corpore sano ...

*»Ich kann dieses Büchlein wirklich nur wärmstens
empfehlen. Ganz wunderbare Geschichten, mit Esprit!«*
Frank Elstner in »Menschen der Woche«,
Südwestrundfunk

»Ein beglückendes Lese-Erlebnis!«
Deutschlandradio

KLÖPFER&MEYER